NORDISKA HJÄLTESAGOR

BERÄTTADE FÖR BARN OCH UNGDOM

Första samlingen

av

Kata Dalström

Förlag: BoD – Books on Demand, Stockholm, Sverige
Tryck: BoD – Books on Demand, Norderstedt, Tyskland
ISBN: 978-91-7699-495-5

INNEHÅLL

FÖRORD

För de gamla grekerna, romarna och nordborna var berättelserna om hjältar lika viktiga som berättelserna om gudar. I vissa fall är det svårt att skilja dessa berättelser åt. En historia som berättas om en gud, kan lika gärna berättas om en hjälte.

I nordisk mytologi tycks den främsta skillnaden vara att berättelserna om gudar främst utspelar sig vid världens början och slut, medan hjälteberättelserna utspelar sig däremellan. Gudarna har dock ofta en aktiv roll i hjälteberättelserna, och så även i de berättelser som handlar om historiska kungar.

Hjältesagornas syfte var dels att inpränta de gamla hjälteidealen, dels att förhärliga kungarnas förfäder.

Den mest kända berättelsen under Nordens förhistoria är antagligen den om Sigurd Fafnersbane, som är en del av Völsungasagan. I denna berättelse finns flera teman och episoder som känns igen från bland annat Mahabharata i Indien och från mytologier över hela Eurasien. Man kan därför anta att delar av dessa berättelser har ett gemensamt ursprung långt bak i historien, innan dessa kulturer gick skilda vägar.

Under tiden fram till kristnandet, och även flera århundraden efteråt, kände alla invånare i Norden till hjältesagorna. De ideal som framställdes i berättelserna avspeglade de ideal som rådde åtminstone för de högre klasserna under denna tid. De ger därför en viktig inblick i hur man levde och tänkte före kristnandet.

Men dessa berättelser har inte bara en lång förhistoria, de har dessutom levt vidare och bearbetats av senare författare.

Det mest kända exemplet torde vara berättelsen om Hamlet, som Shakespeare förde vidare i sin pjäs.

Även J.R.R. Tolkien plockade flera teman från dessa berättelser. Till exempel så är sagan om härskarringen inspirerad av den förbannelse som Loke lägger på guldskatten i Völsungasagan.

1

Sagan om Ragnar Lodbrok och hans söner har på senare tid återberättats i starkt bearbetad form i tv-serien Vikings.

Kata Dalström samlade dessa berättelser i två volymer, varav det här är den första. I böckerna ger hon en kompakt men samtidigt trogen framställning utan att vare sig omarbeta eller undertrycka detaljer som redan på hennes tid måste ha upplevts som ålderdomliga. I detta utförde hon en stor kulturgärning.

I de här böckerna finns alla märkliga och måhända bisarra detaljer med, och det är detta som gör sagorna så levande och autentiska.

Detta verk tillhör idag allmän egendom eftersom det är mer än 70 år sedan författarens död. Jag valde att ge ut det i författarens anda genom att ändra så lite som möjligt i hennes text, precis som hon i sin tur var trogen sina förebilder. Jag gjorde detta i förhoppning om att nya generationer ska ta till sig dessa berättelser.

Jag har valt att inte bara samla scannade bilder i en snabbproducerad bok, utan att läsa in texten och sätta den med ett modernt typsnitt. Jag hoppas att detta ska borga för en god läsupplevelse.

Daniel Palmqvist
Skåne, Februari 2020

2

OM FÖRFATTAREN

Anna Maria Katarina Dalström, känd som Kata Dalström, föddes 1858 som dotter till metallurgen och brukspatronen Johan Oscar Carlberg och hans hustru Maria Augusta Carlswerd.

Hennes utbildning sköttes till en början av guvernanter, men 1868 skrevs hon in vid Örebro Elementarskola för flickor. Kata Dalström var dock rebellisk och 1872, vid 14 års ålder, relegerades hon från skolan. 1878 gifte hon sig med järnvägsingenjören Gustaf Mauritz Dalström och tillsammans fick de sju barn. De flyttade runt mycket ända fram till 1894 då de bosatte sig permanent i Stockholm.

Kata Dalström skrev många böcker för ungdomar, bland annat denna bok, men även böcker om grekisk mytologi och politiska böcker.

Samma år som hon flyttade till Stockholm anslöt hon sig till Sveriges socialdemokratiska arbetareparti (SAP), och hon gjorde snabb karriär inom partiet.

Hon blev en av den framväxande socialdemokratiska rörelsens viktigaste agitatorer och reste runt i Sverige och höll tal om bland annat vikten av allmän och lika rösträtt.

Hon tillhörde SAP:s vänsterflygel, och när partiet splittrades i samband med den ryska revolutionen anslöt hon sig till det nybildade Kommunistiska partiet där hon var medlem fram till sin död 1923.

Parallellt med sitt politiska engagemang så var hon en religiös sökare. Hon studerade österländska religioner och beskrev sig under senare delen av sitt liv som buddhist. Detta var ovanligt för dåtidens kommunistiska rörelse, och ledde till kritik från andra partimedlemmar.

Kata Dalström är än idag en viktig gestalt inom SAP:s ursprungsmyt. Så man kan med visst fog säga att hon spelar samma roll där som hjältarna i denna bok.

3

Första samlingen

ROLF KRAKE

HELGE OCH HROAR

Över hvar sin del af Danmark härskade tvenne bröder,
Frode och Halfdan. Frode var trotsig och härsklysten, Halfdan åter vän-
säll och fredsälskande. Frode som ensam ville råda för riket, antände därför
sin broders borg och nedhögg honom själf, när han sökte
fly. Halfdan efterlämnade tvenne söner, Helge och Hroar,
samt en dotter, Signe, gift med Sevar Jarl. Sönerna voro
vid fadrens död minderåriga och fostrades hos en rik
odalman vid namn Regin. Frode fruktade att dessa, då de blifvit vuxna, skulle
hämnas sin faders död och lät därför efterspana barnen,
men lyckades ej finna dem.

Regin hade nämligen fört dem till en gammal vis och
trollkunnig man, Wifel, som bodde på Wifelsö ej långt
från Regins hem.

Wifel hade lofvat skydda barnen, "Ehuru", hade han
sagt, "kung Frode ej lärer blifva lätt att föra bakom lju-
set."

Då Frode, trots allt sökande, ej kunde finna barnen
vände han sig till några trollkarlar och bådo dem ut-
forska, hvarest de funnos dolda.

Trollkarlarne svarade att barnen ej voro o längt borta
från kungen.

Detta förundrade Frode, enär han låtit söka både när
och fjärran. "Dock", sade han, "finnes här en liten ö,
hvarest endast en gammal gubbe bor; därstädes har jag ej
sökt."

"Låt leta där mycket noga, ty den mannen är mäkta
trollkunnig, och vi kunna ej utforska hans ö", sade de.

Frode ditsände spejare, men dessa återkommo med
oförrättadt ärende. Då blef kungen vred och sade: "Illa

7

leten I; den gamle är en listig man och bedrager eder med sina trollkonster. Jag skall själf fara öfver till ön." Då Wifel en morgon vaknade, sade han: "Underliga ting stunda. Mäktiga fylgior ha kommit till ön. Stån upp, Halfdans söner, och flyn till skogs, men läggen noga märke till när jag ropar på mina hundar Hopp och Ho; då skolen I gömma eder i jordkulan."

Därefter gick han ned till stranden, hvarest kung Frodes skepp redan lagt till. Så snart denne varseblef Wifel, befallde han sina män att gripa gubben och föra denne till sig. Så skedde äfven, och Frode sade: "Säg mig hvar kungasönerna döljas, ty du vet det."

Ödmjukt svarade Wifel: "Hell dig, herre! Men håll mig ej, ty ulfven rifver min hjord." Därpå ropade han högt: "Hopp och Ho, rädden min hjord, ty jag kan det ej."

"Hvem ropar du nu på?" sporde kungen.

"På mina hundar", svarade den gamle. "Men leten blott som I viljen, herre; ej finnas kungasönerna här. Underligt synes det mig att I kunnen tro att jag, eder till trots, skulle våga gömma dem."

"Du är en slug gubbe", sade Frode. "Dock lära kungasönerna icke länge kunna döljas för mig. Men du förtjänte att mista lifvet."

Wifel svarade: "Mitt lif är i edert våld, herre. Mån I taga det; man kunde då säga I haft något att göra här på ön och ej behöft återvända med oförrättadt ärende."

Kungen lät då gubben gå och seglade bort.

Wifel vågade dock ej längre behålla barnen hos sig utan sände dem till Sevar jarl, deras svåger.

Helge var då tio vintrar gammal och Hroar tolf, men Helge var det oaktadt både större och modigare än sin äldre broder.

De kommo lyckligt fram till Sevar jarls gård, men yppade ej hvilka de voro, utan sade sig heta Hamur och Hrane och togo plats bland husfolket. Efter en tid bådo de att bli upptagna bland jarlens män. Sevar svarade, att

8

han visserligen ej ansåg sig hafva stor nytta af dem, men mat ville han ej vägra dem under någon tid. I trenne år stannade de då hos jarlen, utan att denne visste hvilka de voro. Då blef jarlen bjuden till kung Frode. Både jarlen och hans husfru begåfvo sig dit med stort följe. Bröderna voro ock med. Under vägen blefvo de igenkända af sin syster Signe, hvilken tillförene ej lagt märke till dem. Hon yppade för jarlen att hennes bröder voro med, och denne blef mycket rädd för deras lif. Såväl Signe som Sevar bådo dem vända, men det oaktadt följde de med och vid framkomsten till kungsgården gingo äfven de in i salen.

Frode begynte genast tala om att han misstänkte Sevar jarl för att hålla sina fränder dolda, men att han nog nu skulle få veta hvarest de voro. Därpå lät han inkalla en spåkvinna och bad henne säga hvar de funnos.

Sedan kungen först rikligen undfägnat henne och gifvit henne dyrbara gåfvor, kvad hon:

"Två äro inne.
Jag tror icke
dem som vid elden
ytterst sitta."

Men då passade Signe på och gaf henne en guldring. Glad åt gåfvan förklarade då spåkvinnan att hon ej kunde säga något mera.

Då blef kungen vred och befallde henne genast säga hvad hon visste, så vida hon ville behålla lifvet. Då kvad hon:

"Kung Halfdans söner
Helge och Hroar
ser jag sitta
sunda bägge.
Snart från Frode
de lifvet råna,

9

om ej hurtigt
de förekommas."

Och i detsamma hon gick sade hon:

"Skarpt Hamurs och Hranes
ögon ljunga,
ädlingar de äro
underdjärfva."

Nu vardt uppståndelse i salen! Bröderna flydde, och Frode befallde sina män att skynda efter dem.

Men deras forne fosterfader Regin släckte ut ljusen i salen, så att allmän oreda uppstod, emedan den ene hindrade den andre från att komma åstad. Frode sade då hånfullt: "Låtom oss dricka så länge aftonen varar. De må vara glada åt att hafva undkommit och behöfva nog tid att sätta sig i säkerhet." Regin skänkte i, och de fyllda hornen gingo laget rundt till dess alla somnade, den ene öfver den andre. Under tiden sutto Helge och Hroar i skogen och rådslogo. När de suttit en stund, fingo de se Regin komma ridande. De blefvo mycket glada och hälsade sin fosterfader, men denne besvarade ej hälsningen. I stället vände han om hästen och red mot kungsgården till.

Bröderna förundrade sig häröfver. Plötsligt vände Regin sin häst och red hastigt rätt in på dem, liksom ville han öfverfalla dem; därpå vände han åter om och red tillbaka.

"Nu förstår jag vår fosterfaders mening", sade Helge. "Han vill ej bryta sin trohetsed till kung Frode, men ändock hjälpa oss. Låtom oss följa efter och se hvad han menar."

Komna helt nära kungsgården hörde de Regin säga: "Hade jag något ondt att frukta af kung Frode, så innebrände jag denne hund med hela sitt följe."

Bröderna följde rådet och antände kungaborgen. Sevar jarl kom då ut med alla sina män och befallde dessa öka på elden och bistå ungersvennerna.

10

Äfven Frode vaknade och omtalade för sina män, att han drömt att en af dem sagt: "Nu är du kommen hem, konung, med alla dina män", och då kungen vredgad sport: "Hvart hem?" hade mannen svarat: "Hem till Hel".

I detsamma hördes Regin kväda en varningssång, och kungen skyndade mot salens dörr för att se hvad som var på färde. Då fick han se att hela kungsgården stod i ljusan låga.

Frode sporde, hvem som anlagt elden, och fick till svar: "Kung Halfdans söner."

Han bjöd dem då förlikning, men Helge sade: "Du skall svika oss liksom du svek vår fader. Hämnd skola vi nu taga!"

Kung Frode sökte då fly ut genom en lönngång som från salen ledde ut i skogen, men där stod Regin på vakt och hindrade honom från att komma ut. Han ämnade ingalunda låta Frode undkomma, ehuru han för denne sjungit en varningssång. Det hade han gjort för att ej bryta sin trohetsed.

Frode vände då åter in i salen och blef innebränd.

Nu tackade Helge och Hroar Sevar jarl och Regin och utdelade stora gåfvor bland folket. Därefter togo de riket i besittning och styrde det sedan tillsammans.

Helge fick dock för det mesta styra ensam, ty Hroar vistades oftast hos sin vän kung Nordre i England, hvars dotter han fått till maka. Kort efter sitt giftermål dog han och sörjdes mycket, emedan han varit så vänsäll och god.

Helge blef nu ensam kung i Danmark.

KUNG HELGE OCH DROTTNING OLUF

Vid denna tid regerade i Saxland[1] en drottning vid namn Oluf. Hon var en manhaftig ungmö som städse gick iklädd hjälm och brynja samt väpnad med sköld och svärd.

---

[1] Saxland var ett rike på gränsen mellan dagens Danmark och Tyskland

11

Skön och fager var hon, men grym och högmodig. Hon ansågs som det bästa gifte i hela Norden, men hon afskedade alla friare. Till tidens sed hörde dock att man röfvade sin brud, om hon ej kunde vinnas med godo. Nu föll Helge på den tanken att det skulle öka hans ära, om han gifte sig med drottning Oluf. Han samlade därför en här och seglade öfver med den till Saxland, fast besluten att taga Oluf med eller mot hennes vilja. Vid framkomsten skickade kung Helge bud till drottningen med hälsning att han tillika med hela sin här ville gästa hos henne. Drottning Oluf var oförberedd på ett sådant besök och hann ej rusta sig till motstånd. Hon ansåg det därför bäst att finna sig och bad sändebuden säga, att deras herre vore välkommen.

Helge kom med sina män, tog plats i högsätet och drack med drottningen. Mjöd blef icke sparadt, och Oluf visade sig glad och vänlig. Snart sade Helge: "Nu må du veta, drottning, att jag i afton beslutat dricka bröllop med dig. Bröllopsgäster äro här nog af."

Drottningen svarade: "Allt för hastigt gån I till väga, konung. Ej hade jag tänkt taga mig man, ty försvara mig gör jag själf. Dock aktar jag ingen högre än er, om jag nu en gång skall lyda en man. Väl borde flere af våra vänner vara tillstädes, men ej vill jag motsätta mig eder vilja."

Mycket vardt nu drucket om aftonen, och när Helge skulle gå till hvila, var han så drucken att han somnade innan han ens hunnit lägga sig. Då passade Oluf på och stack honom med sömntörne. Sedan lät hon raka allt håret af honom och bestryka hela hufvudet med tjära. Därpå stoppade hon honom i en stor lädersäck, fylld med fjäder, och lät så bära säcken ombord på Helges skepp.

Sedan väckte hon kungens män och sade: "Nu blåser god vind till Danmark, och kungen önskar segla hem."

Ännu halfdruckna skyndade männen till skeppen, men ingenstädes sågo de till kungen. Slutligen fingo de

12

syn på den stora säcken och undrade, hvad den månde innehålla. De knöto upp säcken, funno däri kungen och blefvo ytterst bestörta öfver dennes skymfliga tillstånd. Då de märkte att han blifvit stungen med sömntörne, borttogo de detta, och då vaknade kungen. Han blef utom sig af raseri och svor att hämnas på Oluf. Nu fann han dock för godt att vända åter, emedan Oluf under natten samlat en stor här som från stranden upphäfde höga härskrin. Drottning Oluf satt nu i fred en liten tid, och hennes öfvermod kände inga gränser. Efter kung Helges friarefärd omgaf hon sig städse med en stark lifvakt för att ej utsättas för vidare öfverrumpling. Men länge dröjde det ej förrän Helge seglade öfver till Saxland. Nu ansåg han det bäst att bruka list, när Oluf städse var omgifven af sin vakt. Han samlade i en säck så mycket skatter han orkade bära, förklädde sig till tiggare och gick i land, sedan han först tillsagt sitt folk att i trenne dagar vänta på honom; vore han då ej återkommen, skulle de segla hem till Danmark.

Kommen i land tog han vägen till drottningens borg. I närheten af denna mötte han en träl och frågade denne, om drottningen vore girig.

"Ja, så girig att hennes make ej finnes", svarade trälen.

Helge sade: "Säg då drottningen, att jag här i skogen funnit en stor skatt. Denna skatt tillkommer henne med rätta, emedan den blifvit funnen i hennes rike. Men hon måste komma ensam och vid nattetid för att hämta den. Här har du ett halssmycke och en ring, hvilka du kan behålla. Jag väntar drottningen i natt i skogen."

Trälen gick strax och omtalade för drottningen att det i skogen fanns en oerhördt stor skatt samt bad, att hon skulle ensam följa honom dit om natten för att hämta den.

Drottningen som ej kunde motstå frestelsen, följde med trälen. Men knappt framkommen till platsen möttes hon af den förbittrade Helge som fattade tag i henne och

13

utbrast: "Nu skall du umgälla den skymf du tillfogade mig."

Drottningen blef i början ytterst förfärad, men fattade sig snart och sade: "Illa handlade jag mot eder sist, herre, men jag vill nu godtgöra det. Följ mig hem, så skola vi dricka bröllop."

"Ingalunda skall det så tillgå", sade Helge. "Du får nu följa mig till skeppen och stanna där så länge mig lyster." Oluf fick dock snart återvända hem, och Helge drog ut på vikingatåg.

Efter en tids förlopp fick Oluf en dotter som hon kallade Yrsa efter en af sina hundar. Så snart Yrsa blifvit nog stor därtill; sattes hon att vakta hjordarna, och ingen visste ens att hon var drottningens dotter.

Efter flere års förlopp seglade Helge under en af sina härfärder förbi Saxland. Han beslöt då gå i land för att spörja efter tidender, och förklädde sig därför ånyo till tiggare.

Snart kom han till en skog och fick där se en hjord, vaktad af en mö så fager, att han aldrig sett fagrare. Han sporde om hennes namn och tillade: "Hvarför vaktar du hjorden? Ej synes du mig vara en trälkvinna."

"Det är jag likväl och mitt namn är Yrsa", svarade flickan.

"Då likar det sig godt att du gifter dig med en tiggare", sade Helge, "och må du därför följa mig."

Hon följde med Helge till skeppen, och så firade de bröllop.

Helge höll Yrsa mycket kär och de lefde lyckligt tillsammans samt hade en son, Rolf, sedermera kallad Rolf Krake.

När drottning Oluf sporde, att Yrsa blifvit bortförd af en främling, anade det henne att denne främling var Helge, och när hon så fick spörja att Helge och Yrsa lefde lyckliga i Danmark, seglade hon dit. Vid framkomsten bad hon att få tala vid Yrsa.

14

Yrsa gick henne till mötes och hälsade henne vänligt samt bad henne följa med till kungaborgen.

Oluf sade sig ha ringa heder att vänta där och sporde Yrsa, huru hon fann sitt gifte med Helge.

"Ej kan jag finna det annat än godt, då jag har den bäste konung till herre", svarade Yrsa.

"Hos honom kan du dock ej stanna, ty du är hans dotter", sade Oluf.

Utom sig af sorg ilade Yrsa till Helge, omtalade hvad Oluf sagt och sade att hon genast ville lämna honom. Därpå följde hon med drottning Oluf till Saxland och stannade där.

Yrsas sinne blef hårdt och bittert efter detta, och Helge sörjde så djupt, att han stängde sig inne i sin borg och vägrade se någon af sina män. Först senare lade sig hans sorg, och han drog ånyo ut i härnad.

YRSA BLIR KONUNG ADILS MAKA

Länge stannade Yrsa hos sin moder. Mången friare anmälde sig, men Yrsa ville ej vidare gifta sig. Slutligen kom kung Adils från Sverige till Saxland och friade till henne. Som han var den yppersta bland Nordens kungar, hjälpte hennes motstånd föga. Väl försökte hon att draga saken inför kung Helge och söka skydd hos honom, men fåfängt. Med drottning Olufs samtycke seglade kung Adils bort med Yrsa till Uppsala, där han höll ett ståtligt bröllop.

När kung Helge sporde detta blef han ännu mera bedröfvad.

Om drottning Oluf berättar sagan intet vidare.

För att glömma sin sorg gjorde kung Helge sedermera långa härfärder i främmande land, men slutligen blef dock hans längtan att återse Yrsa honom öfvermäktig. Han beslöt att göra en färd till Uppsala och bortröfva Yrsa.

Så snart Adils sporde det tillämnade besöket, blef han orolig, emedan han visste hur kär hans drottning höll kung Helge. Han frågade dock Yrsa till råds hur han

15

skulle mottaga honom. Hon svarade att detta finge han själf bestämma, men att han väl visste att ingen man stod henne närmare än kung Helge.

Konung Adils beslöt att visa sig vänlig mot Helge, mottaga honom väl och bjuda honom till gästabud. Adils hoppades att därvid alltid någon oenighet kunde uppkomma som gåfve honom anledning att öfverfalla och döda Helge.

Konung Helge blef glad öfver inbjudningen. Han lade sina skepp vid stranden och kvarlämnade där största delen af sitt följe. Blott hundra män fingo följa honom till kungsgården.

Helge blef väl mottagen af kung Adils och drottning Yrsa. Då Helge återsåg Yrsa, blef han så glad att han glömde allt annat för hennes skull och endast ville tillbringa tiden i samtal med henne. Konung Adils såg detta med harm och sorg, ty äfven han höll Yrsa kär, och beslöt att förgöra Helge.

Konung Adils hade efter tidens sed tolf berserkar, och dessa voro vida beryktade för sin styrka, djärfhet och tapperhet. De hade varit ute i härnad, men det passade sig så att de nu kommo hem. I hemlighet drog Adils dem till möte och bjöd dem att dölja sig i en skog som låg mellan stranden och kungsgården, invid den väg som konung Helge skulle följa, när han färdades till sina skepp. Så snart Helge tågade fram, skulle berserkarne öfverfalla honom och hans män. Adils ville äfven skicka folk som skulle falla Helge i ryggen, så att han ej skulle kunna undkomma.

Kung Helge som icke anade något svek, satt emellertid i fred och ro vid gästabudet, glammande med drottningen. När Helge skulle fara, bad drottning Yrsa sin make att gifva Helge rika gåfvor.

Detta lofvade Adils, men höll ej sitt löfte.

När kung Helge slutligen bröt upp och begaf sig till sina skepp, följde honom både kung Adils och Yrsa ett stycke på väg. Men strax efter det Helge sagt Yrsa farväl öfverfölls han af Adils berserkar och en hård kamp börjades. Helge försvarade sig med stort mod och tapperhet; men när konung Adils öfriga män kommit till, blef striden snart afgjord och konung Helge föll för öfvermakten, betäckt af många sår. Äfven alla Helges män föllo med honom. Så snart de som lämnats kvar på skeppen sporde att Helge fallit, seglade de genast tillbaka till Danmark för att bringa de sorgliga tidenderna till konung Helges son Rolf som vid sin faders död var tolf vintrar gammal. Rolf tog då riket i arf efter sin fader och vann snart stort rykte och mycken ära.

SVIPDAG

Drottning Yrsa fick först efteråt spörja hvad som skett, och hon förebrådde Adils för det svek han begått mot Helge som hon höll så kär, och hon lofvade att vedergälla det, så snart hon kunde. Adils bjöd henne böter för dråpet på hennes fader. Hon mottog böterna, men hennes förut hårda sinne blef därefter ännu hårdare.

En gång kom till kung Adils hof en man vid namn Svipdag, son till en rik odalbonde, Svip, som i sin ungdom varit en beryktad kämpe. Nu bodde han långt upp bland fjällen med de tre sönerna Svipdag, Bejgader och Hvitserk.

När Svipdag var aderton år gammal, trädde han inför sin fader och sade: "Dådlös nöter jag bort min tid här uppe bland fjällen. Jag har beslutat draga bort för att söka tjänst hos kung Adils."

Svip svarade: "Det synes mig föga rådligt, Adils är en grym, svekfull konung och hans kämpar afundsjuka och illasinnade, trots sitt mod."

Svipdag invände: "Något måste man våga, om man vill fram i världen. Ingen vet sitt öde, men så mycket är visst, att här i obygden dröjer jag ej längre."

Svip gaf då sonen en väldig stridsyxa, både skarp och blank, och sade: "Var ej girig, skryt ej, det är nesligt, men försvara dig manligt, om någon går dig in på lifvet. Skryt anstår föga en tapper man, handling desto mera."

17

Svipdag erhöll äfven en präktig rustning, en god häst och ett svärd. Därpå drog han bort. Mot aftonen kom han till Adils borg. På borggården anställde männen lekar. Adils satt på en guldstol, omgifven af sina berserkar, och såg på. Då Svipdag kom till borgmuren, var porten stängd, men han bröt upp den och red in.

När Adils varsnade detta, sade han: "Den mannen farer ovarligt fram, slikt är ej bruk hos oss. Han måste vara en mäkta stor kämpe och ej god att pröfva krafter med." Berserkarne sågo förgrymmade ut och tyckte den nykomne var allt för högmodig. Svipdag red rätt fram till Adils och hälsade vördnadsfullt. Kungen sporde om hans namn. Svipdag sade då sin faders, och kungen kände det strax. Kämparne kunde då förstå att han var af en förnäm ätt.

Berserkarne sågo snedt på honom och sade till kungen att de ville pröfva sin styrka mot Svipdag. Adils sade att han funne det godt om de pröfvade sina krafter, dock ej nu.

Man återvände till salen. Berserkarne gingo utmanande mot Svipdag och frågade, om han till äfventyrs trodde sig vara en tapper kämpe, eftersom han skickade sig så stolt.

Svipdag sade sig vara lika god karl som trots någon af dem. Vid detta tal blefvo berserkarne ännu vredare och ville anfalla Svipdag. Kungen bjöd fred till följande dagen.

Nästa morgon börjades en hård lek. Svipdag förde sitt svärd med kraft, och inom kort hade han fällt fyra af berserkarne.

Adils blef då rädd för hans styrka och sade: "Detta skall du dyrt umgälla." Han tillsade därpå sina män att gripa och döda Svipdag.

Drottning Yrsa som åsett striden, trädde då fram och bjöd Svipdag hjälp af sitt folk, i det hon sade till kungen: "Sen I icke att det är långt mera mod hos denne man ensam är hos alla edra berserkar tillsammans."

18

Kungen fann då för godt att bjuda fred och antaga Svipdag till sin man. Svipdag satte sig nu, på drottningens inrådan, längst fram i salen närmast kungen, till stor harm och smälek för berserkarne, hvilka därefter drogo bort från konungens hof och började plundra och härja i kung Adils rike hvar de kunde komma åt.

Allt detta skedde likväl med Adils vetskap.

Nu uppmanade Adils Svipdag att i spetsen för en här värna riket och förjaga de forne berserkarne. Själf lofvade konungen att i spetsen för en annan här hålla sig beredd att komma Svipdag till hjälp, om detta skulle behöfvas.

Svipdag tågade med en välrustad här mot berserkarne, hvilka likväl samlat en vida större. Striden blef därför hård och oviss, men konungen som låg dold i en skog strax intill stridsplatsen, kom ej Svipdag till hjälp.

Svipdags bröder, som på uppmaning af sin fader, hvilken drömt att hans son ej långt hemifrån utkämpade en svår strid, hade samlat en skara tappre män, kommo nu med undsättning. Svipdag blef segrare och alla berserkarne nedhöggos.

Nu framkom Adils och prisade både Svipdag och hans bröder för deras mod, men Svipdag harmades djupt öfver konungens svekfullhet.

I striden hade han erhållit svåra sår och måste ligga en tid. Yrsa, som var mycket läkekunnig, vårdade honom omsorgsfullt.

Så fort Svipdag åter kunde föra vapen, trädde han inför Adils, sägande: "Nu vilja jag och mina bröder draga till en annan konung som visar oss mera heder och lönar oss bättre än du gjort."

Adils bad dem stanna och lofvade visa dem större heder än någon tillförne blifvit visad vid hans hof.

Svipdag ville dock ej stanna, ty han var mäkta vred öfver Adils svek i striden.

Bröderna gingo därpå till drottning Yrsa och tackade henne för hennes godhet och vänfasthet. Sedan redo de bort från kungsgården och styrde kosan hem till fadern.

19

De blefvo väl mottagna och sporde den gamle Svip om råd. Han sade: "Ingen höfding i Norden kan mäta sig med konung Rolf i Leire. Hos honom äro de främste bland kämpar samlade."

"Hurudant är hans sinnelag?" sporde Svipdag. "Det säges han skall vara gifmild, trofast och så god mot sina män, att hans like ej finnes", svarade Svip. Bröderna tyckte detta månde vara en god herre och drogo bort att söka tjänst hos kung Rolf.

ROLF KRAKE OCH HANS HOF

Vid denna tid hade Rolf, Helges och Yrsas son som tagit riket i arf efter sin fader, vunnit rykte som den yppersta konung i Norden. Han var liten till växten, men stolt och värdig i sitt uppträdande. Hans mod och hans tapperhet, hans stolthet, hans hårdhet mot sina fiender likasom hans vänfasthet och mildhet mot sina vänner prisades allestädes. Han älskade prakt och ståt samt var mycket gifmild mot sina vänner. Alla dessa egenskaper gjorde hans hof eftersökt af den tidens tappraste kämpar, bland hvilka han utvalde sina män.

Till Leire på Seland[2], där kung Rolf höll hof, styrde nu Svipdag och hans bröder sin färd.

Föga böjd för att upptaga kung Adils män bland sina kämpar, mottog Rolf dem likväl, sedan han fått spörja hvilka kämpadater de utfört.

Äfven en annan man från Svithiod[3] kom till hofvet i Leire, dit lockad af ryktet om konung Rolfs storhet och djärfva bedrifter. Denne man hette Vögg. Då han kom in i kungssalen och fick se Rolf i högsätet utbrast han: "I Svithiod sade man att kung Rolf var en ståtlig kämpe, men här sitter ju i högsätet blott en liten krake."

---

[2] Dagens Själland i Danmark
[3] Svealand, som på den tiden var ett eget rike

20

Kung Rolf sade: "Namn har du nu gifvit mig som skall ständigt följa mig, men hvad ger du mig i namngåfva?"

"Därtill äger jag intet", svarade Vögg.

"Då må den ge som har något", sade Rolf, i det han drog en präktig guldring af sin hand och gaf den åt Vögg.

"Må du bli den lyckligaste man, liksom detta är den yppersta klenod!" utropade Vögg.

"Med litet är Vögg nöjd", sade kungen.

"Det löftet gör jag", sade Vögg och satte sin ena fot på bänken, "att jag skall hämnas din död, om du blir besegrad af människor och jag öfverlefver dig."

Vögg blef sedan antagen bland kämparne och förblef Rolfs trognaste man.

Bland Rolf Krakes främste kämpar var äfven Bodvar Bjarke från Norge, hvars öden varit underbara.

BODVAR BJARKE OCH HANS BRÖDER ELG FRODE OCH TORE HUNDFOT

Öfver Opdalarne högt uppe bland Norges fjällar härskade en konung vid namn Ring. Hans drottning var död sedan flere år tillbaka och deras ende son Björn lefde hos sin fader.

Konungen beslöt nu gifta om sig och tog till maka Hvita, dotter till finnkonungen.

Drottning Hvita var skön och fager, men ond och elak och väl förfaren i trollkonster som finnarne plägade vara.

Hon hade fattat hat till Björn, och en dag blef hon så förbittrad på honom att hon förtrollade honom till en björn, sägande: "Föd dig nu af din egen faders boskap; aldrig skall du varda löst ur din förtrollning och sent skall du glömma drottning Hvita."

Kung Ring var för tillfället borta. När han kom hem, saknade han Björn. Drottningen sade då, att han på något hemlighetsfullt sätt försvunnit och trots allt sökande kunde han ej igenfinnas.

Björn nödgades nu ströfva omkring i skogarne och rifva kungens boskap, för att kunna lifnära sig, men hvarje afton återtog han sin rätta gestalt och sörjde djupt öfver sitt olyckliga öde. Han gjorde sig en jordkula och lefde där helt ensam.

Den unge fursten älskade en skön tärna vid namn Bera, dotter till en rik odalbonde. De hade som barn lekt tillsammans och som vuxna höllo de hvarandra mycket kära.

Bera, som sörjde öfver Björns hemlighetsfulla försvinnande, gick en dag ensam in i mörka skogen. Då kom en stor björn springande efter henne. Hon blef först rädd, men björnen såg så bedjande på henne, att rädslan försvann, och när hon närmare såg honom in i ögonen, fann hon att han hade Björn kungasons ögon. Björnen gick före henne ännu längre in i skogen och kröp in i en jordkula. Bera följde efter. Om aftonen förvandlades björnen, och Bera återsåg Björn kungason.

Bera stannade nu hos honom, och trots hans förvandling älskade hon honom lika högt som förut och de voro mycket lyckliga.

En natt sade Björn: "Jag anar att min sista dag är kommen, ty kungen lärer, på drottning Hvitas böner, föranstaltat om en väldig jakt efter den björn som rifver hans boskap. Föga anar kungen att det är hans egen son, som så jagas till döds. Jag har ringa lust att lefva; dock sörjer jag öfver att skiljas från dig, Bera.

Efter min död skall du föda tre söner, de skola kallas Elg Frode, Tore Hundfot och Bodvar Bjarke. Alla tre skola blifva stora, manhaftiga kämpar, hvilkas rykte sent skall förgätas. När de blifvit vuxna, skall du föra dem hit till jordkulan. I klippan här sitta tre vapen, ett för hvar och en, jämte tre kistor med gods. Jag har ristat runor på locket, af dem skola de veta min vilja."

Nu rann solen upp. Genast förvandlades Björn och rusade till skogs. Bera följde efter helt sorgsen. Snart

22

fick hon höra hundskall och såg en stor myckenhet folk; som begynte leta efter björnen. Björnen blef uppdrifven och sårad, med vildt raseri sökte han värja sig och många af kungens män föllo för hans ramar. Slutligen blef han jagad ända fram till Ring, där han utmattad sjönk ned för kungens fötter, genomborrad af många spjut.

Nu var drottning Hvita glad och trodde sig för alltid säker. Hon trodde dock att Bera kände till hennes trolleri, och i sin grymhet tvang hon den stackars Bera att äta af björnens kött, på det äfven hon skulle bli förtrollad, men Bera lyckades spotta ut köttet, och drottningens onda planer gingo om intet.

Björns förutsägelse gick i fullbordan, ty Bera fick trenne söner, hvilka kallades Elg Frode, Tore Hundfot och Bodvar Bjarke. De växte upp vid Rings hof och blefvo stora, sköna och starka ungersvenner. Ofta läto de under sina lekar kungens småsvenner känna sin styrka, och det hände stundom att bröderna slogo sina lekkamrater alldeles fördärfvade till lif och lem.

När bröderna voro tolf vintrar gamla voro de så starka, att ingen af kungens kämpar vågade brottas med dem.

Elg Frode sade då en dag till sin moder: "Nu vill jag draga bort från hofvet, ty längre vill jag ej vistas bland slika kryp."

Modern följde honom då till jordkulan, hvarest Elg Frode fick sin andel af fadersarfvet, jämte ett kort, bredt, starkt svärd som satt instucket i klippan. Elg Frode vardt ej nöjd med sitt vapen, utan fann de båda andra brödernas vackrare, men trots sin styrka förmådde han ej ens rubba dem.

Han fattade då sitt svärd, tog farväl af sin moder och vandrade till Kölfjällen, på gränsen mellan Sverige och Norge. Där redde han sig en jordkula djupt in i skogen och begynte röfva och plundra resande samt vardt en illa beryktad stigman.

Tore Hundfot fann det inom kort för trångt hemma och bjöd modern farväl.

Bera följde äfven honom till jordkulan, hvarest han skulle hämta sitt arf. Hon bad sonen taga yxan; den hade fadern ämnat honom, men Tore fann svärdet som satt bredvid bättre, och sökte taga det. Men fåfängt. Han tog då yxan, sägande: "Ej månde min fader ärnat mig det arfvet." Sedan tog han samma väg som Elg Frode och kom äfven till dennes kula. Elg Frode var borta, Tore steg in, satte sig på en bänk och drog hatten öfver ansiktet.

Kort efter hemkom Elg Frode som föga vänligt mottog Tore, men när han igenkände sin broder, vardt han glad och bjöd honom hälften af sina ägodelar, om han ville stanna.

Tore sade att han ej ville dväljas djupt in i obygden, utan ämnade vinna rykte och ära i främmande land.

Elg Frode bad honom då draga till Götaland. Där hade kungen nyligen dött och nytt kungaval skulle anställas på tinget. Göterna hade därvid den seden att en stor stol framsattes; den som bäst kunde fylla upp stolen korades till konung, och flere oväldige män skulle vara domare. "Du tyckes mig vara så stor karl, att säkerligen ej någon större kan uppletas och du blir då konung öfver ett stort rike", sade han.

Tore tackade sin broder, tog farväl och drog till Götaland. Allt gick som Elg Frode sagt, och Tore Hundfot blef konung. Han vardt en klok, vänsäll och älskad konung som genom ärorika härtåg ökade landet och han härskade i många år öfver göterna.

Äfven Bodvar Bjarke, den yngste och skönaste af bröderna, beslöt draga bort.

Bera sade att hon djupt skulle sakna honom, men bad honom följa sig till skogen, så skulle han få sin faders arf.

Bodvar fick då jämte det öfriga arfvet äfven det ypperliga svärdet som hans båda bröder sökt taga.

24

Bodvar sporde nu sin moder, hvem hans fader var, och Bera omtalade det samt alla drottning Hvitas onda trollkonster mot kung Rings unge son.

Utom sig af harm och fast besluten att kräfva hämnd, vände Bodvar åter, trädde fram till Ring, sin farfar, och omtalade det svek drottningen föröfvat.

Ring bjöd honom böter för sin fader, men Bodvar sade sig ej vara nöjd med mindre än att drottning Hvita miste lifvet, "och", tillade han, "hennes död skall ej blifva den lättaste."

Kung Ring vågade ej hindra den vredgade Bodvar, utan måste utlämna sin drottning. Som hon hade få vänner, men många fiender, sökte ingen hjälpa henne och hon led en grym död.

Bodvar stannade ännu en tid vid hofvet.

Kort efter Hvitas död dog äfven kung Ring, och Bodvar Bjarke tog riket i arf. Länge dröjde han dock ej hemma, utan bortgifte sin moder Bera med jarl Ulfsbiter och gaf honom sedan riket att styra.

Själf drog Bodvar Bjarke bort.

Äfven han tog samma väg som Elg Frode och kom till dennes kula. När Elg Frode igenkände sin yngste, mest älskade broder, vardt han mycket glad och bad honom stanna och dela alla hans ägodelar. "Och de äro ej få", tillade Elg Frode.

Bodvar tackade men sade: "Det är dåligt handtverk att dräpa värnlöst folk, för att vinna gods. Jag vill hellre draga bort och söka tjänst hos någon mäktig konung."

"Då skall du draga till kung Rolf i Leire", sade Elg Frode, "ty han är den främste jag vet. Men låt mig känna om du är karl nog att tjäna honom."

Därpå brottades bröderna och Bodvar fälldes lätt. Då sade Elg Frode: "Ej har du krafter därtill ännu." Skar så ett djupt hål i sitt ena ben och gaf Bodvar dricka af det framströmmande blodet. Sedan brottades de. Då stod Bodvar fast som en klippa, och Elg Frode sade att han nu vore en man som af ingen kunde fällas.

Dagen efter tog Bodvar farväl. Elg Frode följde honom, och innan de skiljdes, satte Elg Frode sin fot på klippan och trampade så hårdt att där blef ett djupt märke. Därpå sade han: "För hvarje dag skall jag gå hit till klippan. Finner jag fotspåret fylldt med jord, vet jag att du är sotdöd; är det fylldt med vatten, har du drunknat, men är det åter blod däri, har du fallit för svärd och då skall jag nog veta hämnas din död."

Sedan skildes bröderna. Bodvar fortsatte sin färd in i Götaland, kom så till sin broder Tore Hundfot och blef väl mottagen af honom. Tore bad honom stanna kvar och dela riket med honom, men Bodvar sade sig vilja vinna rykte och ära själf. Då bjöd Tore honom utvaldt manskap, men äfven detta afslog han, tog farväl och red så ensam till kung Rolfs hof.

I närheten af Leire gård tog han en afton, trött efter en mycket lång ridt, natthärberge hos en bonde. Där frågade han mycket om konung Rolfs och hans kämpars bedrifter. När det blef tal härom började hustrun bittert gråta och omtalade på Bodvars fråga om orsaken härtill att deras son Hot, då han en gång varit vid kungsgården, blifvit tagen af kungens hofmän och satt i en benhög, dit alla vid måltiderna afgnagda ben kastades. Hon bad Bodvar att till gengäld för deras gästfrihet icke kasta andra än små ben på hennes son. Detta lofvade Bodvar.

När Bodvar sedan kommit till kungsgården och satt in sin häst i stallet, gick han in i salen, där blott få män voro, och satte sig längst ned vid dörren. Snart fick han höra ett sakta buller, och när han såg efter fick han se en hand sticka upp ur en stor benhög. Han gick närmare för att se och spörja hvems handens ägare var.

"Jag heter Hot", svarade en svag stämma, "och håller på att göra mig en sköldborg till skydd mot de ben som kastas på mig."

"Eländig är du i din sköldborg", sade Bodvar och drog upp den smutsige och aftärde Hot som skrek och jämrade sig samt bad Bodvar icke taga hans lif.

Bodvar bad honom icke skrika så högt, och tröstade honom med att han icke vidare skulle behöfva någon borg till skydd mot benknotorna. Därefter tog Bodvar Hot och bar honom till en brunn, där han tvättade honom ren och tog honom sedan med sig in i salen och ställde honom bakom sig.

Hot skalf i hela kroppen af rädsla.

När hofmännen kommo in i salen och varseblefvo Hot bredvid Bodvar, förstodo de att denne åtagit sig att skydda Hot, hvilket de tyckte vara ett djärft tilltag. Men när Hot fick se männen, blef han så rädd att han skulle sprungit tillbaka till benhögen, om ej Bodvar hållit honom fast.

Snart börjades den gamla leken. Först kastades små ben öfver golfvet mot det ställe, där Bodvar och Hot tagit plats. Bodvar låtsade som han icke såg dem. Men så kommo större ben, och då sade Hot till Bodvar: "Se där kommer ett stort ben, det blir min död." Bodvar bjöd Hot vara tyst, sträckte sin hand mot det nu slungade väldiga benet och fångade det i flykten, vände sig genast mot den som kastat det och slungade benet tillbaka mot honom med sådan kraft att han fick sin bane.

Detta väckte stor uppståndelse i salen, och hofmännen rusade upp mot Bodvar för att hämnas sin fallne kamrat. Ryktet om hvad som skett spred sig genast till kung Rolf som kom tillstädes och sporde hur allt tillgått.

När konungen fått veta det blef han vred och förehöll strängt sina män oskicket att kasta ben på folk, hvilket han många gånger förbjudit. Nu ville han se den man som hindrat detta.

Bodvar trädde inför konungen och hälsade honom med mycken värdighet.

Konungen frågade efter hans namn.

"Hots försvarare kallar edert hoffolk mig", svarade Bodvar.

"Hvilka böter vill du gifva för min hofman", frågade konungen.

"Han ligger på sin gärning", svarade Bodvar.

"Vill du blifva min man och intaga hans plats?"
sporde kungen.

"Därtill säger jag icke nej", genmälde Bodvar, "men
jag vill inte skiljas från Hot; han skall vara hos mig och
vi skola sitta närmare dig än den slagne satt, annars
draga vi båda bort."

"Det må vara dig tillstadt", sade konungen, "ehuru
jag icke ser att Hot kan göra mig någon heder."

Bodvar och Hot togo nu plats längre in i salen och
framom de fleste hofmännen, hvilket gjorde dessa
mycket förbittrade på Bodvar.

BODVARS OCH HJALTES BEDRIFTER

När det nu led mot julen, blefvo konung Rolfs hofmän
synbarligen modfällda. Bodvar som märkte detta, frå-
gade Hot hvad som var orsaken härtill. Denne svarade
att under flere år hade vid jultiden ett gräsligt odjur an-
ställt stor förödelse på människor och kreatur i
konungens rike, och ingen vågade försöka att döda det.
"Ringa månde kung Rolfs män vara, då ett sådant odjur
fritt får härja i landet", sade Bodvar.

Nu är julafton inne. Konungen lyste fred i salen och
bjöd att ingen af hans män finge bege sig ut och våga sitt
lif för odjuret, med hans kreatur och ägodelar fick det gå
hur som helst, sina män ville han behålla. Alla lofvade
att göra som kungen bjöd.

Men när natten kom och dagens fest var slut, sade
Bodvar till Hot, att de skulle draga ut för att dräpa odju-
ret. Hot blef så rädd att Bodvar måste bära honom med
sig. Väl ut komna fingo de snart syn på odjuret som kom
rusande emot dem, och Hot skrek högt af rädsla. Bodvar
kastade då ned Hot på marken, där han blef liggande, ty
han vågade icke ensam vända tillbaka hem. Bodvar gick
djärft framåt, grep stadigt om fästet på sitt svärd för att
draga ut det och döda djuret. Men han ryckte förgäfves,
svärdet satt fast.

Ännu en gång grep han om svärdfästet och ryckte till
med hela sin styrka. Svärdet flög ut och han stack det till

hela dess längd i odjurets bröst. Djuret föll dödt till marken.

Nu hämtade Bodvar den nästan dödsskrämde Hot, tog honom med till det fällda djuret och gaf honom att dricka af dess blod. Äfven ett stycke af dess hjärta gaf han Hot att äta. Härefter började Bodvar brottas med Hot, men Hot kunde ej fällas. "Nu är du stark nog", sade Bodvar, "och jag hoppas du icke vidare rädes för kungens män."

"Nej, icke ens för dig", svarade Hot. "Låt oss nu taga djuret och resa det upp, så att det ser ut som det skulle vara lefvande", sade Bodvar, "och nämn icke för någon hvad som skett." De gjorde så och gingo därefter tillbaka till kungsgården.

När kung Rolf sedan sporde om någon sett det fruktade odjuret, svarade alla nej. Han lät då höra efter om alla hars hjordar funnos i behåll. Icke ett enda kreatur fattades. Detta förvånade alla. Kungen skickade då ut spejare för att spana efter djuret. Länge dröjde det icke innan dessa kommo förskräckta tillbaka och berättade, att de i en nära liggande skog sett den fruktansvärda besten löpa af alla krafter mot kungsgården.

Kungen lät då alla sina kämpar draga ut och följde själf med. Komna till skogen fingo de strax syn på odjuret. Kungen anmärkte att det syntes honom som om djuret stode stilla, men så stor var fruktan hos kungens män, att alla tyckte att det var i fullt språng. Kungen uppmanade sina kämpar att springa fram och döda odjuret. Men ingen vågade.

"Visa nu hvilken man du är", sade Bodvar till Hot, "skaka af dig ditt dåliga rykte, gå fram och dräp djuret, då du ser hvilken stor gärning det är och att ingen har mod att utföra den."

"Det vill jag göra", svarade Hot. "Gif mig edert svärd Gyldenhjalte, herre konung, så skall jag döda djuret eller våga mitt eget lif."

"Det svärdet kan endast föras af en tapper man", sade kungen, "men mycket förändrad synes du mig blifvit på sista tiden, och hvem vet om icke förändringen är större än man anar. Se här, tag svärdet och utför ett stort dåd." Hot tog svärdet, ryckte modigt fram och högg med kraft till odjuret, så att det föll till marken. Hot drog så ut svärdet och vände därpå åter till kungen och hans kämpar, hvilka betraktade honom med förundran och häpnad.

"Detta är ditt verk", sade kungen till Bodvar. "Mäktigare än andra har jag väl hållit dig, men större under har du ej kunnat utföra än det du nu gjort med Hot."

När Hot återlämnade svärdet, sade kungen: "Från denna dag skall du ej längre heta Hot, utan till minne af svärdet som du så modigt fört, skall du hädanefter kallas Hjalte."

När det led mot andra julen af Bodvars vistelse hos kung Rolf, väntades kungens tolf berserkar hem från sina kämpafärder i främmande land. Bodvar sporde Hot på hvad sätt de plägade uppträda vid sin hemkomst. Hot omtalade då att berserkarne brukade framträda med trotsig gång och stolt hållning först inför kungen och fråga om han i tapperhet vågade likna sig med dem. Kungen svarar att det är vanskligt att mäta sig med så tappre och vidt beryktade män som de, hvilka i blodiga kämpadater vunnit ett fruktadt namn både i söder och nord. Detta säger kungen af högmod, emedan kämparne vunnit åt honom mången seger och många ägodelar. Därefter uppträdde berserkarne inför kämparne i salen, upprepa samma fråga och få samma svar.

"Illa månde det vara beställdt med urvalet af kung Rolfs öfriga kämpar, om alla måste lida detta berserkaskryt", sade Bodvar.

Då nu på andra juldagskvällen alla voro samlade i festsalen, med Kung Rolf i högsätet, sprungo salens dörrar upp med buller och dån, och in trädde tolf högresta kämpagestalter, bistra att se på, med is i de långa skäggen och brynjorna höljda af snö. Bodvar sporde Hjalte hviskande, om han vågade pröfva sin styrka mot någon af dessa.

"Icke mot en, utan mot alla", svarade Hjalte, "jag känner icke någon fruktan ens för öfvermakten."

Nu gingo berserkarne med fasta steg fram i salen, trädde inför kungen och tilltalade honom så som Hjalte sagt. Sedan kungen gifvit sitt svar, gingo berserkarne vidare och ställde samma tilltal till hvar och en af kämparne i salen. När de kommo till Bodvar och mötte den fasta, djärfva blicken ur hans ögon, säges det, att det var med mindre säkerhet berserkarnes anförare framställde sin vanliga fråga.

I stället för svar sprang Bodvar upp och grep kämpen så som han stod i full rustning, lyfte upp honom och kastade honom till golfvet med sådan kraft att han nästan krossades. Samma lek företog sig Hjalte med en annan af de hemkomna kämparne.

Nu blef det uppståndelse i salen. Kungen som ej fann det godt att hans kämpar slogo ihjäl hvarandra, steg upp ur högsätet, gick fram till Bodvar och bjöd honom hålla fred. Bodvar förklarade dock att berserken skulle mista lifvet, om han ej tillstod sig vara en mindre betydande man än Bodvar. Detta var nu fulleligen visadt, sade kungen, och han lät kämpen stiga upp. På samma sätt gick det äfven hos Hjalte.

Det blef nu åter lugnt i salen och hvar och en satte sig på sin plats. Berserkarne kände sig dock illa till mods. Kungen yttrade till sina kämpar, att de nu kunde se att ingen var så mäktig, att han icke hade sin öfverman. Han uppmanade dem att i endräkt hålla samman och förbjöd dem att börja någon strid med hvarandra utan spara allt sitt mod och all sin kraft tills de fingo med fiender att göra. Alla tyckte att kungen hade rätt. Bodvar blef nu högst ärad af alla kung Rolfs män och fick sin plats bredvid kungen på hans högra sida. Näst intill Bodvar satt Hjalte som af kungen fick tillnamnet den högmodige, efter som han nu umgicks med hofmännen, af hvilka han förut varit så illa behandlad, men hvilka han nu öfverträffade i manhaftighet. För öfrigt voro kungens män sålunda bänkade, att på kungens vänstra sida sutto

Svipdag och hans två bröder; näst dessa och Hjalte sutto kungens tolf berserkar och därefter på hvar sida om bordet kungens öfriga utvalda män. I de spel och kämpalekar som kung Rolf lät anställa för att förströ sina män, var alltid Bodvar den förnämste, och hans anseende växte så, att han inom kort fick kungens ena dotter Drifva till maka. Kung Rolf och hans kämpars rykte för djärfhet, mod och tapperhet hade nu blifvit så stort och vida spridt, och hans makt så fruktad att ingen utifrån vågade anfalla honom. Han satt därför länge i fred och lugn hemma i sitt rike.

ROLF KRAKE DRAGER TILL UPPSALA

Inte lång tid efteråt vid ett af kung Rolfs präktiga gillen yttrade Bodvar, att en sak minskade glansen af kungens rykte; han hade ännu icke hämnats sin faders död eller af kung Adils utkräft de gåfvor Helge skulle fått, men Adils behållit för sig själf. "Detta är ett svårt värf", genmälde kungen, "ty Adils är mäkta förfaren i trolldom; dock skola vi till våren företaga en färd till Uppsala."

Om våren begaf sig kung Rolf på färd till Uppsala. Hela hans följe bestod endast af hans tolf förnämste kämpar och dessutom hundra män. Här var nämligen icke meningen att draga i härnadståg mot kung Adils, utan att som gäst besöka hans hof. Sedan kung Rolf kommit öfver till Sverige och ridande fortsatte ett stycke, kom han till en gård där en bonde stad utanför och bjöd kungen stiga in hos sig.

"Du bör icke vara någon ringa bonde, om du kan mottaga oss alla hos dig", sade kungen, "ty vi äro många när vi samlats."

Bonden log och sade: "Stundom har jag nog sett lika många hos mig där jag har varit och det skall icke fattas eder hvarken mjöd eller annat som I behöfven öfver natten."

De stego då af hästarne, hvilka släpptes på bete.

"Hvad är ditt namn?" sporde kungen.

"En del kalla mig Rane", genmälde bonden.

Bonden var en mycket gästfri och munter värd. Om allt, hvarom han tillspordes, visste han besked och aldrig kunde han göras svarslös. Det syntes kungen och hans män som om de aldrig träffat på en visare man. När natten kom, gingo de till hvila och somnade strax. Men knappt hade de somnat innan de vaknade, skälfvande af köld. De togo då alla kläder de hade och höljde öfver sig, endast kungen och hans tolf kämpar förblefvo liggande utan att låtsa om kölden. Dock fröso alla om natten. På morgonen sporde bonden huru de hade haft det om natten, hvarpå Bodvar svarade: "Bra." Bonden sade då till kungen:

"Väl vet jag att dina män ha funnit det något svalt i deras sofrum i natt; men icke mån I tro, att de kunna uthärda alla besvärligheter som kung Adils skall fresta dem med, om de funnit detta så svårt. Vill du därför lyda ett godt råd, så sänd tillbaka hälften af din här, ty det är ej mängden som skall bringa dig seger öfver kung Adils."

"Du är en klok man", sade kungen, "jag vill följa ditt råd."

De drogo nu bort från bonden, men kungen skickade hälften af sitt följe tillbaka hem igen.

Då det led mot aftonen, kommo de åter igen till en liten gård och bonden stod utanför. Männen kände igen att det var samma bonde som de gästat förra natten. Bonden tog mycket väl emot dem, men sporde hvarför de kommo så ofta.

Kungen svarade att de icke visste för hvilka konster de voro utsatta.

"Ännu skall jag icke taga illa emot eder", genmälde bonden, bad dem stiga in hos sig och visade dem mycken gästfrihet.

Knappt hade de insomnat, innan de vaknade plågade af en olidlig törst. De stodo då upp och fingo tag i en stor kanna fylld med mjöd. Den blef strax tömd.

Om morgonen sade Rane bonde till kungen:

33

"Föga uthålliga synas mig de män vara som stiga upp om natten för att dricka. Värre pröfningar komma de att få erfara hos kung Adils."

Som det nu inträffade ett starkt oväder, stannade kungen och hans folk kvar öfver den dagen. På aftonen blef eld uppgjord i stugan och bonden anvisade hvar och en sin plats invid den samma. Snart blef det dock så varmt att alla brände sig om händerna. Då flydde alla från elden, utom kung Rolf och hans tolf kämpar.

Bonden sade nu: "Ännu mån I göra ett urval ur edert följe, herre, och vill jag råda eder att icke medtaga flere än tolf, de bästa kämparne. Då kan det vara någon utsikt till att I skolen komma tillbaka, annars finns det alls ingen."

"Så stor aktning har jag för dig, bonde", sade kungen, "att jag vill följa ditt råd." De blefvo sedan hos bonden i tre dagar och tre nätter. Därefter fortsattes färden. Kungen medtog endast sina tolf kämpar och lät de öfriga återvända till skeppen.

När kung Rolf med sina män nalkades Uppsala, red skaran långsamt ända till dess den kom nära intill kung Adils borg. Då sporrades hästarne och kämparne redo med ilande fart framåt, så att allt och alla som kommo i vägen vräktes åt sidan. Kung Adils lät taga mycket väl emot dem och föra dem till kungssalen.

Men innan Bodvar steg af sin häst, tillropade han i befallande ton Adils män att på det bästa sköta om hästarne och noga tillse att ej manarna och svansarna blefvo nedsmutsade eller fördärfvade på dem.

När Adils sporde detta, tillsade han i stället sina män att skära svansarna och pannluggarna af hästarne och att skära så djupt att skinnet följde med, samt för resten tyga till dem på värsta sätt. "Ty mig tyckes kung Rolfs män äro allt för karska", sade han vredgad.

Vid ingången till kungssalen gingo Svipdag och hans bröder, hvilka kände både kungen och kungaborgen, främst och därefter kommo kung Rolf och Bodvar samt de öfriga kämparne. Man hade kommit öfverens om, att kung Rolf icke på något sätt skulle utmärkas framför de öfriga, på det att kung Adils icke skulle känna igen honom.

Så gingo de med stolt hållning genom den stora salen, där kung Adils män voro samlade. Rolf och hans kämpar voro klädda i blanka rustningar med hvar sin falk sittande på skuldran. Längst fram i högsätet satt kung Adils som sporde Svipdag hvadan kung Rolf kom med så litet följe till hans hof. "Ringa betyder det om antalet är litet", genmälde Svipdag, "endast kämparne äro goda. Och nu ber jag eder, herre, om lejd för kung Rolf och hans kämpar."

"Den må vara eder tillstadd", svarade kung Adils. Då kung Adils icke genom spörsmål kunde få veta hvem som var kung Rolf, ville han på annat sätt utröna det. Han visste att kung Rolfs kämpar voro de tappraste och mest härdade män i hela Norden, men han trodde att kung Rolf själf icke skulle vara lika härdad. Kung Adils tillsade därför, att man för att välkomna hans gäst, skulle göra upp en stor eld och anvisade hvar och en sin plats vid den. "Vida kända för mandom och kraft äro kung Rolfs kämpar och ryktet har ej sagt för mycket", sade Adils. Därefter vände han sig till sina män sägande: "Låt lågan flamma högre, så att jag må se hvar kungen sitter. Säkert skola icke kung Rolfs män fly, om än flamman skulle bli för het för andra."

Med beck och tjära ökades elden, så att lågorna slogo högt upp. Hettan blef snart outhärdlig. Kung Rolf som väl erinrade sig sitt löfte att aldrig sky hvarken eld eller järn, sökte nu tänka ut något sätt att komma ifrån elden utan att fly den.

Emellertid hade Bodvar, vredgad öfver det oupphörliga inkastandet af nytt bränsle, gripit en af de män som voro sysselsatta härmed och vräkt honom i elden sägande: "Värm dig nu efter du varit så flitig att värma oss." Hjalte hade gjort likaså med en annan. Därefter kastade de sina sköldar rätt i elden och sprungo på dem genom lågorna. Rolf och hans öfriga kämpar gjorde på samma sätt sägande: "Den flyr ej elden som öfver den löper."

Nu drabbade Rolfs och Adils män tillsammans och en väldig strid utkämpades. Kung Adils kom därunder in till sin drottning Yrsa som under tiden fått spörja hvad som tilldragit sig och hvilken gäst det var som var kommen till Uppsala. Hon tog föga vänligt emot kungen och månget hårdt ord blef växladt mellan dem.

"Illa hafven I handlat, herre", sade Yrsa, "först hafven I dräpt min herre Helge och behållit hans ägodelar för egen räkning, och nu viljen I också låta dräpa min son. Men ingalunda skolen I lyckas i edra onda uppsåt. Ty så vill jag ställa, att kung Rolf skall få de skatter som honom tillkomma, men I få skam och vanära som I förtjänt."

Därmed begaf sig Yrsa till konung Rolf och hälsade honom kärligt, sägande: "Son Rolf! Du har icke blifvit så mottagen som jag önskade, och du skall därför icke heller stanna längre här, ty kung Adils samlar nu en stor härskara, för att öfverfalla och dräpa dig och dina män. Se här ett horn fylldt med kungens bästa ringar, däribland äfven ringen Sveagris som han älskar högre än alla andra." Hon gaf nu Rolf stora skatter af guld och silfver och skänkte honom och hans kämpar kung Adils bästa hästar, emedan deras egna blifvit illa misshandlade af Adils män.

Kung Rolf och hans kämpar redo så öfver Fyrisvall bort från Uppsala. Långt hade de likväl icke ridit, innan de strax efter sig hörde hästhofvar dåna mot marken. De sågo sig om och varseblefvo en stor skara af kung Adils män vara i hack och häl efter sig. "Säkert vilja dessa män tala vid oss", sade Bodvar. "Föga bekymrar oss detta", sade Rolf. "Snart skola de få nog att beställa med för sig själfva." I det samma tog kung Rolf handen full med guld och strödde på vägen, så att den skimrade däraf. När förföljarne sågo detta, hoppade de af hästarne och täflade om hvem som skulle kunna samla mest af det glänsande utsädet som de kallade "Rolf Krakes säd", en benämning som skalderna sedermera ofta gåfvo åt det lysande guldet. Förgäfves befallde kung Adils sitt folk att förfölja kung Rolf. Utom sig af vrede red då kung Adils ensam i vild fart efter Rolf. Då kastade denne äfven ringen Sveagris på marken. Då Adils fick se den ringen, kunde han icke låta bli att stanna, och han böjde sig framåt för att taga upp den med spjutspetsen. Då vände sig Rolf Krake om och sade hånande "Nu har jag böjt Svithiods konung" och gaf Adils ett väldigt hugg öfver ryggen. Rolf och hans män fortsatte sedan sin färd.

När Rolf Krake och hans män hade ridit hela dagen och natten började falla på, kommo de till en gård, hvarest bonden Rane stod i dörren och hälsade dem välkomna samt erbjöd dem natthärberge. Tillika bjöd han Rolf Krake några vapen, sköld, svärd och brynja, hvilka Rolf likväl vägrade att mottaga.

Den gamle bonden blef då vred och tillsade kämparne att bege sig bort. De redo nu sin väg, oaktadt natten stundade.

Sedan de ridit en stund, sade Bodvar till kungen: "Det anar mig att vi nu handlat oklokt och visat segern ifrån oss."

"Detsamma anar också mig", svarade Rolf, "denne Rane var ingalunda någon bonde, utan den gamle Odin själf, eftersom han var enögd. Låtom oss därför genast rida tillbaka för att få visshet härom."

De redo då tillbaka, men både gård och bonde voro försvunna. "Att söka är förgäfves", sade Rolf och vände om samt fortsatte färden till Danmark, där Rolf Krake nu blef sittande i fred och ro under många år.

ROLF KRAKES SISTA STRID

Rolf Krake hade underlagt sig flere lydkonungar, hvilka alla betalade skatt. Bland dessa lydkonungar befann sig äfven Rolfs svåger Hjorvard, hvilken för länge sedan blifvit underkufvad. Hjorvard var gift med Rolfs syster

37

Skuld, en dotter till Helge och en skön alfkvinna, hvilken af sin styfmoder blifvit förtrollad, men af Helge frälst ur förtrollningen. Skuld var af ett styft och hämndgirigt sinnelag, och kung Hjorvards underkufvande gick henne djupt till sinnes. Hon tänkte oaflåtligt på hämnd. Då nu kung Rolf satt så mycket i fred hemma, ansåg Skuld tiden vara inne att tänka på utförandet af sina hämndplaner.

"Illa synes det mig vara att vi skola betala skatt till kung Rolf", sade hon därför en dag till Hjorvard. "Detta likar sig dock bäst för oss", svarade Hjorvard, "ty ingen vågar anfalla Rolf."

"En ringa man må du väl kallas", genmälde Skuld, "om du tål sådan vanära. Så länge har nu kung Rolf hållit fred att både han och hans kämpar blifvit ovana vid strid, och segra skall han därför icke mer. Ingalunda månde det därför vara farligt att anfalla honom. Den vinner intet som intet vågar."

På inrådan af Skuld skickade de sändebud till kung Rolf och begärde att slippa betala skatt under de tre kommande åren; därefter ville de på en gång betala allt hvad som tillkom honom.

Denna list lyckades; kung Rolf medgaf uppskof med skatternas betalning i tre år, och Hjorvard och Skuld förhöllo sig nu lugna under dessa år.

Men de använde tiden väl. I största hemlighet, så att kung Rolf ingenting märkte, samlades från närliggande härad de djärfvaste och tappraste män till en stor här, hvilken rustades och öfvades till strid. Skuld samlade äfven trollkvinnor i sitt följe och begagnade seid för att öka sin makt, så att hon skulle kunna öfvervinna sin broder Rolf. Vid jultiden på tredje året drogo Hjorvard och Skuld med en mycket stor här till Leire, under förevändning att betala skatten, och uppslogo sina tält utanför staden. Kung Rolf redde till stora fester för att på det mest lysande sätt fira julen och mottaga sina gäster, samt gaf ingen akt på de stridsrustningar som Hjorvard och hans syster förehade.

På natten, sedan festen ändat, märkte Hjalte att bryn-
jeklädda män rörde sig omkring tälten utanför staden
och han förstod då hvad som var på färde. Han gick där-
för strax för att väcka kung Rolf och hans män.

"Vakna, herre konung", sade Hjalte, "bättre höfves
eder nu att tänka på kamp och strid än att hålla gillen,
och föga lärer guldet i eder skattkammare ökas af eder
systers skatt. Fastän kvinna är hon hård och af sköld-
ungaätt, och det är ingen liten här med skarpa svärd och
blanka rustningar hon samlat omkring staden. Upp, stall-
bröder", tillade han vänd till kungens kämpar, "och
rusten eder till strid, med lekarne är det nu slut. Stora
varsler ha länge sedan bådat viktiga ting, ehuru vi föga
aktat därpå. Det anar mig nu att märkliga tilldragelser
stunda. Kanske har kungen druckit för sista gången med
sina män. Låtom oss då kämpa en kamp, hvars rykte
skall spridas öfver nordanlanden och sent glömmas."

Upp sprungo nu kungens kämpar, iklädde sig rust-
ningarna och Bodvar Bjarke sade: "Nu behöfver kungen
tappre män med hjärtat på rätta stället." Kungen befallde
att det bästa mjödet skulle bäras in och sade därefter:
"Hälsa till Hjorvard, Skuld och deras män, att vi vilja
dricka oss glada innan vi mottaga skatten."

När Skuld fick hälsningen, utbrast hon: "Olik är min
broder andra män; det är skada att så tapper man måste
falla. Men vi måste en gång nå målet."

Nu reste sig kungen och steg till häst jämte sina käm-
par. Efter dem kom hela kung Rolfs här. Väl utkomna
började kampen genast. Väldiga hugg utdelades på
ömse sidor. Kung Rolf gick främst, och för hans svärd
Sköfnung föll mången tapper man; också klingade svär-
det ständigt. Sköfnung klang nämligen så snart det högg
emot ben. Hjorvard och Skuld fingo nogsamt erfara hur
vanskligt deras företag var.

Nu sågo Hjorvard och hans män en stor björn gående
framför kung Rolf. För björnens ramar och tänder föllo
Hjorvards män högtals. Ingen kunde hålla stånd emot
den, allt föll eller vek tillbaka för den fruktansvärda

39

björnen. Hvarken svärd eller pilar beto på honom. Tillintetgörande allt, gick han oaflåtligt framåt och höll sig ständigt framför Rolf Krake.

Då Hjalte ser sig om finner han ej Bodvar Bjarke som annars alltid höll sig närmast kungen. Han spörjer efter honom, men ingen har sett honom; alla antaga att han stupat. Detta tror Hjalte likväl icke, utan säger hånfullt att Bodvar nu håller sig undan, fastän han hållits för den modigaste kämpen bland dem alla. Kungen förebrår Hjalte detta tal och säger att Bodvar nog finns någonstädes, där han är kungen bäst till gagn och större är ingen af hans män än Bodvar Bjarke.

Hjalte gick då tillbaka till kungaborgen för att spana efter Bodvar och finner honom sittande maktlös inne i kungssalen, därvid Hjalte utbrister: "En sorglig syn är detta att se den yppersta hjälten ibland oss nu sitta här i dådlös ro, och ingen heder bringar det dig. Upp nu, Bodvar Bjarke och intag din plats i striden, eljest bränner jag borgen tillika med dig själf."

Bodvar reste sig långsamt och sade: "Ej skall du, Hjalte, behöfva möta mig med hån. Fruktan känner jag icke. Beständigt har kung Rolf nämnt mig främst bland sina kämpar, och mycket har jag att tacka honom för. Först har han gifvit mig sin dotter och sedan tolf gårdar och många dyrbarheter. Utan räddhåga skall jag nu gå till striden; dock tror jag, att vi här ha långt större vidunder att kämpa mot än någonsin tillförene, och föga gagnar du kungen med hvad du gjort, ty så stod striden nyss att ingen visste hvem segern skulle tillkomma. Din välvilja mot kungen har denna gång varit större än din klokhet, och ingen annan än du eller kungen skulle ha kunnat förmå mig att gå ut härifrån, ty hvarje annan skulle jag ha dräpt. Nu nalkas vi ödets beslut, och det må du veta, Hjalte, att mindre kan jag hjälpa kungen nu än medan jag satt kvar här inne."

Därefter gingo de ut till stridsplatsen. Men nu försvann björnen från Rolf Krakes här och kampen blef där hård. Så länge björnen, som icke var någon annan än

Bodvar Bjarkes fylgia, fanns förmådde drottning Skuld med alla sina trollkonster intet. Med ens blef nu allt förändradt. Ur Hjorvards här sprang fram en förskräcklig galt, stor som en tre vintrar gammal kviga och ulfgrå till färgen. Från hans borst flögo pilar vida omkring och dräpte kung Rolfs män hopvis. Inga vapen beto på odjuret. Bodvar Bjarke intog en fast ställning och utdelade väldiga hugg till höger och vänster. Hvarje hugg fällde sin man. Men det var synbart att han icke kämpade för att segra, endast för att fälla så många som möjligt af Hjorvards män. Men huru många som än föllo för Bodvars och hans stallbröders vapen, så blef Hjorvards här icke mindre.

Då sade Bodvar: "Dryg synes mig Skulds här och jag misstänker att de fallne stå upp igen och kämpa på nytt. Fåfängt är att strida mot gengångare, ty på dem biter intet svärd. Men hvar är nu den man som kallade mig ut, ty jag ser honom icke."

"Här är jag", sade Hjalte, "och långt är det icke mellan oss. Ännu har jag kraft att uträtta något, men mäktige mäns bistånd har jag af nöden, ty sköldlös har jag blifvit under striden. Det tyckes mig som om jag dräper ganska försvarligt, men ändock förmår jag icke hämnas alla de hugg som jag får. Dock skall jag ej skona mig, om jag också innan aftonen skall gästa Valhall."

"I många strider har jag kämpat och många illfunder har jag pröfvat, men värre trolldom än nu har jag aldrig sett", genmälde Bodvar. "Jag träffade Hjorvard nyss och vi gåfvo hvarandra dråpeliga hugg. Han gaf mig ett som jag trodde skulle sända mig till Hel; men då högg jag hand och fot af honom. Ett annat hugg träffade honom i skuldran, så att jag klöf honom intill ryggen. Han stönade och föll död ned. Men då han sofvit en stund, steg han upp och stred lika tappert som förut. Detta är mer än människor kunna stå emot. Det lider intet tvifvel att

Odin är emot oss, den trolöse härjafadern. Hade jag honom här skulle han få känna min hämnd, den eländige som så skamligt behandlar vår hugstore drott." "Nornans dom undgå vi icke", sade Hjalte dystert. Under striden blef kung Rolf skild från sina kämpar. Dessa rasade i ursinnig vrede häröfver. I sin ungdom hade de i otaliga strider kämpat och segrat vid sin konungs sida. De ville nu, när ålderdomen nalkades, åtminstone strida och falla bredvid honom. Nu kunde de i stället icke ens lämna honom någon hjälp. Omkring Rolf samlades alla de tappraste männen i Hjorvards här. Skuld kom också dit, då hon såg sin broder ensam, för att med sina trollkonster bringa honom på fall. Med seid framkallade hon ett gräsligt oväder mot kung Rolf och hans män, så att de hvarken kunde se eller känna igen hvarandra, och så ändade striden. Rolf Krake och hela hans här hade fallit. Endast en af hans kämpar öfverlefde hans fall. Rolf Krake blef sedan högsatt och med honom hans svärd Sköfnung. Öfver hans kämpar uppkastades äfven högar. Skuld och Hjorvard härskar nu i kung Rolfs rike. För att fira sin seger ställde kung Hjorvard till ett lysande gille och utdelade stora gåfvor till sina män. Den ende öfverlefvande af Rolf Krakes kämpar gjorde kung Hjorvard till sin man. Denne man var Vögg, densamme som gaf Rolf tillnamnet Krake. Vid gillet räckte kungen svärdsudden åt Vögg för att denne skulle aflägga sitt löfte.

Vögg sade då: "Annorlunda hade kung Rolf för sed; han räckte svärdfästet åt sina män för att därvid gå eden." Kung Hjorvard vände då om svärdet, höll i udden och räckte fästet åt Vögg. Vögg fattade fästet och stötte med kraft svärdet i kung Hjorvards bröst. Så höll Vögg sitt ord och hämnades Rolf Krakes död.

VERMUND OCH UFFE

I Danmark härskade den gamle vise kung Vermund, och hans konungasäte var Jelling i Jutland[4]. Under en lång följd af år satt han hemma i fred och ro, ty för hans stora bragders skull vågade ingen anfalla honom. Först på ålderdomen fick han en son som kallades Uffe. Han växte upp till en stor, stark ungersven, vida kraftigare än andra jämnåriga, men han var så dyster och sluten, att ingen hört honom säga ett enda ord förr än han var trettio år och alla höllo honom för att vara mycket dum.

Vermund sörjde djupt öfver sonens dådlöshet och beslöt bortgifta honom med en dotter till Frovin jarl i Slesvig. Denne hade två modiga söner, Kete och Vige, och kungen hoppades att desse skulle veta försvara Danmarks rike mot fienden, när den rätte försvararen, Uffe, ej kunde eller ville det.

Vid denna tid regerade i Sverige en konung vid namn Adils. Han var en mäktig och stridslysten herre och öfverföll ofta sina grannar. En gång inföll han i Slesvig och det blef en het strid mellan honom och Frovin jarl. De båda härförarne möttes i envig, och efter en tapper strid föll Frovin. Adils skröt sedan mycket öfver denna seger.

Nu fingo Kete och Vige riket i förläning af Vermund. När Adils sporde detta, drog han ånyo med en väldig här till Slesvig för att söka besegra äfven Frovins söner.

Bröderna kände sig ej nog starka att ensamma möta Adils, utan sände en af sina höfdingar, Folke, till kung Vermund, för att bedja om dennes hjälp. Vid framkomsten till Jelling fann Folke kungen med alla sina män vid måltiden. Vermund bjöd honom sitta ned och äta, men han afslog det, sägande sig ej hafva tid. I modiga ordalag framförde han sitt ärende och sedan sade han: "Nu är det tillfälle till strid kommet som du så länge önskat, och nu må danskarne visa att de kunna värna sitt land."

---

[4] Dagens Jylland i Danmark

43

Sedan bad han om en dryck. Kungen lät räcka honom en präktig guldbägare, och när han tömt den sade kungen: "Behåll bägaren till minne af din konung."

Rörd sade Folke: "Jag gör det löftet att hellre tömma denna bägare fylld med mitt eget blod, än att fly i striden."

Sedan tågade Vermund mot Adils, och efter en ytterst häftig strid måste denne med sina kvarvarande män fly till skeppen. Folke förföljde honom tills han dignade ned på marken, utmattad af sina sår, men då aftog han sin hjälm, fyllde den med sitt eget blod och drack för att återvinna krafterna.

Sedan segern nu var vunnen, uttalade Kete sin förvåning öfver att kung Adils trots allt förföljande dock lyckats uppnå sina skepp, ehuru han ju städse var först i striden och sist i flykten.

Vermund svarade: "Det är ej så underligt, ty det finnes städse fyra slags krigare i en här.

De första äro gamla bepröfvade krigare som endast strida mot dem som veta försvara sig och aldrig gifva sin fiende ett hugg på ryggen.

De andra äro yngre kämpar, ifriga att vinna ära och visa sitt mannamod. De äro stolta i sitt sinne och utdela hugg åt alla, föga aktande om de träffa fiendens bröst eller rygg. Till lycka för Adils mötte han ej någon af dessa.

De tredje äro de fege kämparne som för skams skull ej våga fly, men ej heller våga fäkta. Deras skugga är till och med farligare än de själfva.

Det fjärde slaget åter äro sådana som hålla sig längst bort i hären, städse de sista till strid och de första till flykt, och som Adils väl endast mött de båda sista slagen, hade han ej mycket att frukta." Alla tyckte kungen talat så klokt, att han sedan dess erhöll tillnamnet "den vise."

Ehuru Frovins söner besegrat Adils, kunde de likväl ej glömma sin faders död. När de så fingo höra att

Sveakungen, trots sitt lidna nederlag, skröt öfver Frovins död, beslöto de att utkräfva hämnd.

De kände sig dock ej nog starka att öppet anfalla Adils utan drogo ensamma och lätt väpnade till Sveakungens hof, hvarest de sade sig vara från Slesvig och fördrifna ur landet för mandråp.

När Adils sporde att de voro från Slesvig, talade han mycket om sin seger öfver Frovin och sporde i hånande ordalag, om ej dennes båda söner Kete och Vige ämnade hämnas sin faders död. Ännu mera eggade till hämnd genom detta tal gåfvo bröderna sig tillkänna och sade att de nu voro komna för att kräfva hämnd. Adils erbjöd dem mansbot, men det ville de ej taga. Då erbjöd han dem båda att tillsammans strida mot honom ensam, men ej heller detta ville de gå in på, och så möttes den stridsvane Adils och den unge Kete i envig. Vige åsåg striden. Länge stod Adils och tycktes endast leka med sitt vapen, men Ketes hugg föllo allt tätare och tyngre; slutligen fick Adils ett hugg i hufvudet, så att blodet strömmade. Då blef han vred och gaf Kete ett hugg, så att denne sjönk på knä, men då Vige såg detta, rusade han fram, och båda bröderna tillsammans gåfvo Adils banehugget.

Kung Vermund prisade dem mycket för detta dåd, men alla främlingar talade sedan dess hånfullt om danskarne och sade: "Kung Adils bane bröt all ärlig kämpavane."

På sin ålderdom blef Vermund blind, och då trodde hans grannar, att de ej längre behöfde frukta honom.

Saxlands konung sände bud och sade, att nu när kung Vermund var gammal och blind och ej längre mäktig värna sitt land, skulle han betala skatt till Saxlands konung. Ville han ej gå in på detta, finge hans son Uffe möta Saxlands unge konungason i envig och de båda afgöra landets öde, men om han ej ville gå in på detta, skulle Saxlands här inrycka i Danmark och striden afgöra landets öde.

"Väl är jag gammal", svarade Vermund, "men dock ej så orkeslös, att man genom hotelser kan fråntvinga mig riket. Jag vill själf upptaga striden med er fursteson."

Men sändebuden hånade Vermund, sägande, att deras furste ej skulle vara nog ärelös att strida med en orkeslös gubbe; dessutom vore det bäst att rikenas arfvingar sins emellan afgjorde striden.

Då reste sig Uffe och trädde fram, sägande: "Förgäfves fikar eder konung efter Danmarks rike. Danmark har sin egen konung och tappre män som väl veta försvara landet. Dessutom har kungen en son som skall ärfva riket, och han upp tager striden icke blott med eder kungason utan äfven med hvilken annan tapper kämpe denne vill utse till följeslagare."

De främmande sändebuden logo åt Uffes svar, men antogo utmaningen; stridsplatsen bestämdes och mötestid utsattes.

På danskarne hade Uffes tal gjort ett djupt intryck, och alla gladdes öfver att han vetat svara så väl.

Men den gamle blinde kung Vermund sade sorgsen: "Är det ej nog med att främlingar håna mig, skola äfven mina egna män göra det." När alla sade honom att det verkligen varit hans son som talat, trodde han det ej förrän Uffe stigit fram och kungen fått lägga sina händer på hans väldiga lemmar och riktigt öfvertyga sig om att det var sonen.

Glad sade då Vermund: "Hvarför, min son, teg du så länge?"

"Jag teg", svarade Uffe, "emedan jag ej ansåg det vara mödan värdt att tala, innan feghet bundit de danskes tunga."

"Men hvarför, min son, utmanade du två kämpar?"

"Emedan", sade Uffe, "jag vill utplåna den skamfläck det danska namnet fick, när Kete och Vige i förening dråpo kung Adils."

Allt skulle nu ordnas till holmgången. Uffe profvade flera brynjor, men alla brusto, då han drog dem öfver sitt

46

breda bröst. Slutligen tog man fram kung Vermunds egen präktiga brynja, men äfven den gick itu. Då sade kungen att man fick nita ihop den och lämna den öppen i ena sidan. Uffe kan ju hålla skölden för där, menade kungen. På samma sätt gick det med svärden; så snart Uffe höjde dem till hugg för att pröfva dem, brusto de. Vermund sade då att man skulle uppsöka hans gamla svärd Skrep som länge legat nedgräfdt i jorden, emedan Vermund trodde sig ej mer hafva bruk för det. Svärdet uppgrofs. Det såg skröpligt ut. Uffe ville pröfva det, men kungen bad honom låta vara, "ty", sade han, "brister detta, kan ej dess make erhållas".

På bestämd tid infunno sig kämparne på mötesplatsen, en ö i Eiderströmmen.

På ömse sidor om floden stodo härarna, och Vermund själf hade låtit bära sig ned till stranden för att finna döden i vågorna, om Uffe föll i striden.

Striden begynte. Först afvärjde Uffe endast huggen för att se hvem som vore den störste kämpen af de två motståndarne.

När Vermund hörde att Uffe endast afvärjde huggen, flyttade han sig längre ned mot vattnet. Men Uffe narrade först kämpen, sägande att denne ej finge skyla sig bakom sin herres rygg, och när han lät locka sig fram, höjde Uffe Skrep och fällde honom till marken.

När Vermund hörde klangen af sitt gamla kära svärd, flyttade han sig högre upp på land och önskade åter att lefva.

Till den unge konungasonen sade Uffe: "Ej må du lämna din följeslagares död ohämnad", och när de så drabbade samman, höjdes Skrep för andra gången och fällde sin man.

Nu jublade danskarne öfver Uffes seger, och så blef Saxland skattskyldigt under Danmark.

Kung Vermund satt sedan ännu länge ärad och aktad i sitt rike. Han lämnade det i arf åt sin son som erhöll tillnamnet "den saktmodige" för sin mildhets skull.

HAGBARD OCH SIGNE

Kung Siger i Danmark hade tvenne söner, Alf och Alger, samt en dotter, Signe. En vår drogo kungasönerna ut på vikingatåg och sammanträffade då med sjökonungen Hagbard och dennes bröder. Det kom till strid och hela dagen kämpade man utan att någon om aftonen kunde säga sig vara segervinnare, änskönt såväl anförare som manskap voro alldeles utmattade af trötthet.

Man beslöt då ingå fostbrödralag och därefter följas åt på härfärder och så tillsammans återvända till Seland, hvarest kung Siger höll hof.

Därstädes såg Hagbard den unga Signe och vann hennes kärlek. Men vid samma tid vistades vid hofvet en tysk furste, Hildegisl. Äfven han älskade Signe, ehuru utan hopp att vinna hennes genkärlek. Kungen hade tvenne rådgifvare, bröderna Bilvise och Bolvise, båda gamla och blinda. Den förre var mycket god och sökte städse stifta frid och vänskap mellan alla, den senare åter var mycket ond och hans käraste nöje var att uppväcka hat och osämja vänner emellan.

Med denne Bolvise hade Hildegisl slutit förbund, och nu sökte han på allt sätt uppväcka strid mellan Sigers söner och deras fosterbröder. Slutligen lyckades han. Uppeggade af Bolvise anföllo de Hagbards bröder och dödade dem i ett stort fältslag, hvarest äfven Hildegisl omkom. Men Hagbard själf var för tillfället borta. Så fort han kommit hem och sport sina bröders död, anföll han genast Alf och Alger och dödade dem.

Därpå drog Hagbard bort från kung Sigers hof, men hans längtan efter Signe dref honom ånyo tillbaka. Dock vågade han ej öppet visa sig vid hofvet, utan kom förklädd som sköldmö till borgen och lyckades komma in till Signe i hennes jungfrubur.

Därstädes gaf han sig tillkänna för Signe, och utom sig af glädje öfver att återse hvarandra glömde de all försiktighet och talade ömma ord. Detta hörde Signes egna tärnor och omtalade för drottningen, att Hagbard befunne sig förklädd hos Signe.

Under tiden samtalade Hagbard och Signe om sin kärlek. Slutligen sade Hagbard: "Om nu din fader griper mig och låter föra mig till döden, emedan jag dräpt hans söner, skall du då glömma vår kärlek och finna lyckan hos en annan? Skall du kunna förgäta mig?"

Signe svarade: "Tro mig, Hagbard, om döden finner dig, skall jag följa dig i den mörka grafhögen. Du må finna döden genom sjukdom eller falla för svärd, du må sluta dina ögon ute på hafvet eller i land, ej ett ögonblick längre vill jag lefva. Om en kvinnas löften betyda något, skall du sanna mitt tal."

Hagbard kände en häftig glädje öfver Signes ord. Strax efter sattes hennes tro på prof, ty kungen lät spränga dörrarna till Signes jungfrubur, och efter en kort men hård strid blef Hagbard tillfångatagen och förd inför konungen som lät hålla ting för att döma honom.

På tinget rådde olika meningar. Den gode Bilvise röstade för att den unge, tappre sjökonungens lif skulle skonas, på det han genom ärorika strider för Danmarks rike skulle sona sina brott, men Bolvise åter uppmanade kungen till hämnd och sade, att Hagbard borde mista lifvet till straff för att han dödat kungasönerna. Hans mening segrade, och Hagbard dömdes till döden.

En galge upprestes på en kulle, och Hagbard fördes dit upp. Då framträdde drottningen, en hård och hämndlysten kvinna, och sade hånande i det hon räckte honom ett dryckeshorn: "Drick nu, svekfulle Hagbard, en skål för din död! Snart skall du sitta i Hels boning och galgen taga din kropp."

Hagbard fattade hornet och svarade: "Denna din afskedsdryck tager jag med den hand som dryper af dina båda söners blod. Icke drager jag ohämnad till de fjärran boningar, ty jag har sändt andra före mig. Rasande kvinna! Olyckliga moder! Intet i världen kan återskänka dig dina söner och med hvarje ny dag förnyas din smärta."

49

Därpå slungade han hornet i ansiktet på drottningen.

Signe som var utom sig af sorg, sporde sina tärnor om de ville dela hennes öde, hur hårdt det än månde blifva, och gråtande svarade tärnorna att de ville följa henne och i allt lyda hennes bud. Då omtalade Signe att hon beslutat följa Hagbard i döden och tillsade tärnorna att på ett gifvet tecken från kullen sätta eld på jungfruburen och hänga sig i sina slöjor på samma gång som Signe själf. När Hagbard skulle hängas, bad han att man först skulle hissa upp hans kappa, "på det", sade han, "jag må se huru jag kommer att taga mig ut". Och man villfor hans begäran. Signe hade ställt en man på vakt för att gifva henne ett tecken, när Hagbard blifvit upphissad i galgen. Knappt hade mannen sett kappan fladdra för vinden förrän han gaf det öfverenskomna tecknet, och genast flammade jungfruburen i lågor. Hagbard såg flammorna och kände sig styrkt af sin älskades trohet och mod. Han utbrast glad: "Låten döden komma fort, ty den är ljuf samman med min trolofvade. Jag ser de flammande lågorna som besegla vårt förbund. Trofasta voro vi i lifvet, trofasta äro vi i döden. Säll är jag som ej ensam går till de dödas boningar. Genom tidsåldrar skall minnet om vår kärlek och trohet lefva." Och så gick äfven Hagbard leende i döden.

50

VÖLSUNGASAGAN

VÖLSUNG OCH HANS BARN

I tidernas morgon härskade i Hunaland en väldig konung
vid namn Sige som sades vara Odins son. Han hade me-
delst svärdslag underlagt sig landet. När Sige vardt
åldrig och svag, så att hans afundsmän icke längre fruk-
tade honom, blef han af sin drottnings bröder anfallen
och dräpt tillika med alla sina hirdmän.

Siges son, Räre som ej var med i striden, tog efteråt,
med hjälp af sin faders vänner, land och rike i besittning.
När han kände sig stark nog, lät han döda sin faders ba-
nemän och blef så obestridd härskare i landet.

Efter Räres död födde hans drottning en son af ut-
omordentlig storlek, och det säges att han redan vid sin
födelse var sex vintrar gammal. Strax efter det gossen
blifvit född dog modern.

När gossen som blef kallad Völsung, växte upp, här-
dade han sig samt öfvade sig i alla idrotter, i hvilka han
snart öfvergick andra män. I krigets lekar fick han snart
deltaga, och hans klokhet, mannamod och djärfhet
gjorde honom till den förnämste kämpen i Norden.

Völsung fick med sin drottning elfva barn, tio söner
och en dotter, alla utmärkta för stor skönhet och kraft.
Främst bland dessa voro dock de två äldsta barnen, so-
nen Sigmund och dottern Signe, hvilka voro tvillingar.
Efter Völsung kallades alla hans ättlingar Völsungar,
och sagan förtäljer många bedrifter af denna väldiga
kämpaätt. Men det var ej blott i krigiska bragder som
Völsung utmärkte sig framför andra kungar. Äfven i
prakt och ståt stod han framom dem alla. Så byggde han
sig en präktig sal, i hvars midt reste sig en väldig ek som
sträckte sin krona upp ofvan salens tak och öfverskyg-
gade detta med sina lummiga grenar.

Till Völsungs dotter Signe friade en konung öfver
Götaland vid namn Siggeir. Han var rik och mäktig och
drog till Hunaland med stort följe. Kung Völsung och

hans söner upptogo frieriet mycket väl, men Signe själf ville ej veta om det. Dock bad hon sin fader råda för detta liksom för allt annat. Han beslöt då att gifta henne med kung Siggeir.

När bröllopet skulle firas, kom Siggeir med en lysande hird till kung Völsung och medförde äfven en stor mängd dyrbara gåfvor. Völsung tillredde ett präktigt gästabud, och i salen flammade många eldar, men trädet stod oskadadt i salens midt. När gästerna voro samlade, inkom en gammal, högrest man, klädd i spräcklig kappa och med en bredskyggig hatt på hufvudet samt benen lindade. Ingen kände mannen som var enögd och bar ett svärd i handen. Han gick fram till trädet och stack svärdet med sådan kraft in i stammen, att det gick in ända till fästet. I det han så gjorde sade han: "Den som drager ut detta svärd ur trädstammen får det som gåfva af mig, och han skall finna, att bättre svärd kan han icke få i sin hand." Därpå gick den gamle mannen ut ur salen, och man förstod nu att det var Odin själf.

Så snart han gått, blef det en ifrig täflan om hvem som skulle äga svärdet. Alla skyndade fram och de förnämsta i laget började först pröfva sina krafter; sedan kommo de ringare kämparne. Men förgäfves; ingen förmådde draga ut svärdet. Då trädde Sigmund, Völsungs son, fram till trädstammen, fattade svärdet och ryckte ut det i ett tag.

Nu ansågs Sigmund som den lyckligaste af män, då han fått ett svärd, hvars like ingen syntes äga. Kung Siggeir bad honom att få det och erbjöd sig att betala det med dess vikt i guld. Sigmund svarade, att Siggeir själf kunde ha tagit svärdet där det satt i trädstammen, om det varit Odins vilja att han skulle burit det, "men", tillade han, "nu får du det icke, om du än bjöd mig allt det guld du äger."

Kung Siggeir blef vred öfver det hånfulla svaret, men som han var en förslagen man, aktade han sig att säga något utan uttänkte i stället en plan till hämnd.

Tvärt emot tidens sedvänja skulle kung Siggeir redan dagen efter eller senast på andra dagen lämna gästabudet. Völsung och hans söner sökte ej hindra honom därifrån, men Signe sade sin fader, att hon ej ville följa kung Siggeir och att giftermålet måste brytas, eljest skulle det draga olycka öfver henne och hela hennes släkt. Kung Völsung svarade, att det ej höfdes henne att tala så och att det skulle vara honom till stor vanära att bryta sitt ord, utan att Siggeir gifvit någon anledning därtill. Vid afresan inbjöd nu Siggeir kung Völsung och hans söner tillika med så stort följe de ville taga med sig, att om tre månader gästa honom i Götaland, där bröllopshögtidligheterna då skulle fortsättas. Völsung lofvade också att komma på utsatt tid.

När tiden var inne, lät kung Völsung utrusta en präktig flotta och seglade på denna med sina söner och ett lysande följe öfver till Götaland. Han framkom sent en afton och möttes strax af Signe som otåligt afbidade sin faders ankomst. Signe omtalade nu att kung Siggeir samlat en stor här, med hvilken han ämnade öfverfalla och förgöra hennes fader och bröder jämte hela deras följe. Hon bad därför sin far att han strax skulle vända om och segla hem samt utrusta en stor här och med den komma tillbaka för att hämnas Siggeirs svek.

Men stolt svarade Völsung: "Redan innan jag blef född gjorde jag det löftet att ej fly hvarken för eld eller järn. Detta löfte har jag hållit allt hitintills, och nu vorden åldrig, skall jag ej bryta det. Ej heller skall någon ungmö kalla mina söner feghjärtade. Döden undgår dock ingen. Hundra strider har jag utkämpat; stundom har jag haft många män, stundom få, men alltid ha vi segrat. Så skall jag göra äfven denna gång. Gå du hem till din make och stanna hos honom, det må gå med oss huru ödet beslutat. Völsung känner ej fruktan för något."

Signe grät, men lydde sin fader och vände åter till Siggeir. Kung Völsung ordnade sitt folk till strid, och i morgongryningen kom Siggeir med en öfvermåttan stor här. Sammandrabbningen blef väldig, men kort. Siggeirs öfvermakt krossade snart Völsungs hela kämpaskara och slutligen föll äfven Völsung själf. Endast hans tio söner gingo med lifvet ur striden. Efter stridens slut befallde kung Siggeir att alla Völsungs söner skulle dräpas. Då Signe erfor detta, bad hon Siggeir, att han ej skulle låta döda hennes bröder, utan då i stället sätta dem i stock. Hon hade därvid den tanken att under tiden möjligen finna något medel att rädda dem. Då den hatfulle kungen väl insåg, att det skulle förorsaka hans fränder mera lidande att på detta sätt långsamt pinas ihjäl, lät han föra ut dem i skogen, där de lämnades med benen fastslagna i en stock, så att de icke kunde röra sig ur fläcken. Där skulle de nu sitta och hungra till döds eller uppätas af vilda djur. Första natten kom en stor gammal ulf och åt upp den ene af bröderna. På morgonen sände Signe en pålitlig man för att få veta hur det var med hennes bröder. Då han kom tillbaka och berättade hvad som skett, blef hon mycket sorgsen och grundade öfver på hvilket sätt hon skulle kunna hjälpa sina bröder. Men den ena natten efter den andra förgick och för hvarje natt kom samma ulf som var kung Siggeirs gamla seidkunniga mor, hvilken påtagit sig ulfhamn, och åt upp en efter annan af Völsungs söner. Slutligen återstod endast Sigmund, Signes tvillingbroder. Då sände Signe samme man som förut till skogen för att bestryka Sigmunds hela ansikte med honung. Mannen gjorde som han blifvit ålagd, den gamla ulfven kom, kände lukten af honungen och började slicka ansiktet. Då nu ulfven sträckte ut tungan, passade Sigmund på och bet i den samt tog ett så fast spjern mot marken att stocken brast sönder. I det samma ryckte han till så att tungan följde med och ulfven fick sin bane. Nu var Sigmund fri och irrade omkring i skogen. När kung Siggeir fick spörja att alla tio bröderna voro borta, blef han glad i sitt sinne och trodde sig nu hafva förgjort alla Völsungar. Men Signe skickade sin förtrogne till skogen för att få veta, huru det gått och om hennes broder lefde. När mannen kom tillbaka och berättade hvad som skett, blef

Signe till freds och beslöt att grymt hämnas det mot hennes far och bröder begångna illdådet. Hon drog därför i hemlighet till skogen för att träffa sin bror och med honom öfverlägga om hämndplanen.

Sigmund dolde sig nu under flere år i en jordkula, dit hans syster skickade honom hvad han behöfde, och dit hon sedan sände den ene af hennes och Siggeirs två söner, hvilken af Sigmund skulle fostras till hämnare af Völsungs död. En dag satte Sigmund gossen att baka bröd, medan han själf gick ut i skogen efter bränsle. När Sigmund kom tillbaka, var mjöllåren orörd, och då han sporde hvadan detta kom sig, svarade gossen, att han ej vågade röra vid mjölet, "ty det låg något lefvande i det". Nu förstod Sigmund att denne gosse var för vek, och han sade detta till Signe, när de träffades. Hon bad honom döda gossen, hvilket Sigmund äfven gjorde. Nästa vinter skickade Signe äfven sin andra son, och det gick på samma sätt med honom.

Nu beslöt Signe att skaffa sin broder en hjälpare som ej skulle känna fruktan. Hon bytte därför hamn med en skön trollkvinna och drog så till skogs, där hon mötte Sigmund som ej kände igen henne. Han blef så bedårad, att han bad henne följa sig till sin jordkula, hvilket äfven Signe gjorde, och då stannade hon där som hans maka, men efter en tid försvann hon och vände åter till Siggeir.

Signe födde kort efter en son som fick namnet Sinfjötle. Han var en äkta Völsung och växte hastigt till i styrka och skönhet. Knappast tio vintrar gammal skickade Signe honom till Sigmund, liksom sina förra söner, men pröfvade honom dessförinnan liksom hon förut pröfvat de öfriga, genom att sy fast kläderna i skinnet på hans armar. I stället för att de öfriga sönerna jämrade sig illa därvid, rördes ej ett drag i Sinfjötles ansikte och ej en klagan kom öfver hans läppar. Då hon märkte detta, slet hon af honom skjortan, så att skinnet följde med, och frågade om ej detta gjorde mycket ondt.

"Ringa aktar en Völsung sådan smärta", sade Sinfjötle.

Nu kände Signe sig nöjd.

När Sinfjötle kom till Sigmund, blef han liksom de båda andra satt att älta degen medan Sigmund hämtade bränsle. När Sigmund kom tillbaka, var brödet redan bakadt. Då Sigmund sporde, om han ej funnit något i mjölet, svarade Sinfjötle, att han visserligen tyckte att det var något lefvande däri, men att han ej fäste sig därvid. "Här är litet utaf den degen", sade han och framvisade ett stycke. Då log Sigmund och sade: "Af det brödet får du icke äta, ty det är den värsta etterorm i det." Sigmund själf kunde icke skadas af etter, icke ens om han drack det; Sinfjötle tålde väl vid att komma i beröring med etter utvändigt, men ej att äta eller dricka det. Sigmund och Sinfjötle drogo sedan ut för att pröfva sina krafter. Komna ett stycke hemifrån, påträffade de i en jordkula tvenne män som sofvo. De hade tjocka guldringar om armarna, och på väggarna voro tvenne ulfhamnar upphängda. Männen voro förhäxade kungasöner, hvilka hvar tionde natt fingo lämna sina ulfhamnar. Sigmund och Sinfjötle iklädde sig nu dessa hamnar och gingo åt hvar sitt håll, efter att ha kommit öfverens om att låta höra ulfvalåten, så snart de blefvo anfallna af flere än sju män på en gång. Sinfjötle blef anfallen af elfva män, men dräpte dem alla utan att ha kallat Sigmund till hjälp. När de sedan möttes, förebrådde Sigmund honom hans öfverdåd, men Sinfjötle svarade: "föga lönt är att kalla hjälp för att döda elfva män." Sedan följdes de åt hem till sin jordkula och dröjde där tills den tionde dagen, då de kunde befria sig från ulfhamnarna, hvilka de önskade att aldrig mera få på sig.

Sinfjötle påminde nu Sigmund om hämnden på Siggeir, och då Sigmund som allt jämt trodde Sinfjötle vara Siggeirs son, hade pröfvat honom nog, tog han honom med till Siggeirs gård. De gingo in i förstugan och dolde sig bakom ett mjödkar. Här blefvo de likväl upptäckta af kungens och drottningens små barn som lekte med guldringar på golfvet. Då en af ringarna rullade ända bort till mjödkaret och gossen sprang efter den, fick han se de bistra männen och skyndade förskräckt in i salen samt berättade härom för sin far.

Kungen som anade att något svek var på färde, befallde genast sitt folk att gripa männen. Nu uppstod en hård kamp, männen försvarade sig med otrolig styrka och många af kung Siggeirs tappraste kämpar fingo bita i gräset. Slutligen blefvo de dock öfvermannade och slagna i bojor. Så fingo de sitta öfver natten.

Den grymme kungen som ej med ens ville låta döda de för honom okända männen, lät dagen efter uppkasta en hög att sätta dem i. Men på det de icke skulle få vara tillsammans, restes en stor flat sten på kant i högen och på hvar sin sida om denna sten sattes nu Sigmund och Sinfjötle; därefter öfvertäcktes högen med torf. Men innan detta var skedt, kom Signe till högen och inkastade dit en knippa halm.

Vid nattens inbrott löste Sinfjötle upp halmknippan och fann däruti ett stort stycke fläsk. Han sade då till Sigmund: "Ej lär det komma att fattas oss mat på länge här har drottningen gifvit oss ett stort stycke fläsk." Men när han kände efter än vidare, fann han i fläsket ett svärd instucket. Detta var Odins gåfva, Sigmunds eget präktiga svärd, och glad i hågen högg Sinfjötle svärdet rätt igenom stenhällen som skilde honom från Sigmund, och kvad:

> *"Med klingan klyfves*
> *fasta klippan*
> *af Sigmund starke*
> *och Sinfjötle."*

Därefter afhöggo de bojorna och vräkte undan jordhögen. Sigmund och Sinfjötle vordo sålunda fria.

Nu drogo de genast i den tysta mörka natten till kung Siggeirs borg, där alla lågo i djup sömn. De antände borgen. När röken inträngde, vaknade Siggeir och sporde hvem som anlagt elden.

57

"Här äro vi", sade Sigmund, "jag och min systers son, och du ser att ännu äro ej Völsungarne döda."

När Signe kom ut, bad Sigmund henne draga med dem bort, men hon svarade: "Att hämnas på Siggeir har varit mitt lefnadsmål. För detta har jag offrat allt, mina barn har jag låtit döda, emedan de voro för veka att hämnas min fader, och Sinfjötle är vår son. Jag har nått mitt mål! Min fader är hämnad, jag har intet mer att lefva för. Jag är nu lika villig att dö med kung Siggeir som jag förut varit ovillig att lefva med honom." Därpå kysste hon Sigmund och Sinfjötle, sade dem farväl och leende gick hon in i de flammande lågorna, hvilka omhvärfde Siggeir och hela hans borg.

Sigmund samlade sedan manskap och skepp, seglade hem till sitt land, fördref den konung som inkräktat hans fädernearf och tog så sin faders, kung Völsungs, rike i besittning.

HELGE HUNDINGSBANE

Sigmund vardt en mäktig och vis konung som styrde landet med kraft och klokhet. Han tog till maka Borgbild från Brålunda som blef moder till Helge.

Sigmund var borta på härfärd, när sonen föddes.

Natt var i borgen, stormen rasade och de höga nornor kommo och utlade hans lefnadstrådar, redde ledigt dess hopsnodda länkar och fäste dem högt upp mot himlahvalfvet.

I öster och väster spändes trådarna och allt land däremellan bjöds åt den nyfödde hjälten, men åt norr slängde Näres fränka en tråd som korsade hennes systrars. De korade Sigmunds son till den ypperste hjälte, till en väldig höfding för hela sin här och till fienders skräck. Men i trädet utanför salens port hviskade korp till korp: "Nu äro fredens dagar slut, den väldige med skarpa ögon är vår och ulfvars vän."

Från stridens larm skyndade Sigmund hem, gick till sonens bädd med den trolldomsskyddande löken, för att afvärja det onda som i kommande dagar skulle träffa sonen. Han gaf honom namnet Helge samt i namngåfva fem gårdar och därtill ett kostbart, runprydt svärd.

Helge växte upp till en skön yngling, blef högsinnad, vänsäll och slösande gifmild samt den främste i alla idrotter. Knappt femton år gammal gick han redan i strid med en väldig här mot Völsungaättens fiende, den mäktige kung Hunding. Hård blef kampen, men för Helges svärd föll kung Hunding och med honom nästan hela hans här. Helge blef nu kallad "Hundingsbane". Men Hundings söner, de djärfva och pröfvade kämparne, kräfde af Helge skatter och guld till böter för dråpet på fadern.

Böter gaf Helge dock icke, utan stämde i stället Hundings stolta söner till strids vid Lågefjällen, då de med svärd fingo taga sig hämnd. Där möttes furstarne med sina kämpaskaror och drabbade hårdt tillsammans. Svärden blixtrade, sköldar klöfvos och brynjor brusto, men tvärt igenom fiendehären slog sig Helge fram till kungasönernas hufvudmärke, fällde i kamp Hundings söner och tillintetgjorde nästan hela hans ätt. Nu hade Helge vunnit sitt kämparykte.

När Helge drog från striden, såg han ett flammande sken bryta fram ur Lågefjällen och ur skenet sprängde en lysande skara af högresta, sköna valkyrior, med glänsande hjälmar, blodbestänkta brynjor och med spjut som blixtrade likt solens strålar. Helge sporde de framilande valkyriorna, om de vågade följa honom och hans kämpar hem och dricka kraft ur mjödfyllda horn.

Då svarade från sin höge gångare den skönaste bland dem alla, Högnes dotter Sigrun: "Annat ha vi att göra än att i ro glamma med kämpar och dricka skummande mjöd. Min fader har fäst mig vid Hödbrodd, Granmars dådlöse son, och snart kommer fursten och hämtar sitt rof, om ej du, Helge, stämmer honom till strid och för mig bort."

"Frukta icke, Högnes dotter", genmälde Helge, "för mitt svärd skall Hödbrodd falla och min skall du för alltid varda."
Nu sände Helge bud vida omkring och kallade kämpar samman. Guld gaf han med slösande hand och byte skulle striden skänka. Kämpar kommo i mängd och väl rustade, samt gingo ombord på de guldskimrande skeppen. Dessa stämde Helge sig till möte vid Brandö, där en väldig flotta samlades. Helge sporde höfdingen vid flottan, om han kände kämparnes tal. Höfdingen svarade: "Ej är lätt att tälja de skepp som kommit från Örvasund[5]. På dem finnas tolfhundra trofasta män och hälften därtill från Håtuna. Detta är kungahären, färdig att strida."
När dagen grydde, väcktes alla unga furstar och drottar, seglen hissades och färden styrdes åt Varinsfjärden. Nu växte vinden till storm och sjön gick hög, men Helge lät hissa seglen högt och ingen sökte hamn för de rasande vågorna.

"Så det lät,
när långa kölarna
med Kolgas syster
sammanstötte,
som när berg och bränning
brytas mot hvarann."

Men Sigrun satt i skyn och länkade med makt hjältarnas färd, och när afton skymde, gled den stolta flottan in i Unaviken. Med harm sågo Granmars söner från Svarinshögen, huru den lysande hären samlades.
Nu sporde Gudmund, Granmars son: "Hvad heter fursten som råder för folket?"
Sinfjötle som väl förstod att tala med kungar, svängde sin röda, guldkantade sköld och sade: "Säg när

---

[5] Kan syfta på Öresund, men kan också syfta på Stralsund, vilket är ett slaviskt namn som betyder Pilsundet på modern svenska.

du i afton ger svin och hundar mat, att Völsungar kommit till Gnipalunden och att här skall Hödbrodd finna Helge, hjälten som ger örnar föda, medan du sitter hemma vid elden och smeker trälkvinnor."

Gudmund svarade vred: "Ljug ej på furstar, du som i skogen ätit ulfvars kost som dräpt dina bröder och som jagad af människor sökt skydd i usla jordhålor."

Nu uppstod en häftig ordväxling mellan Sinfjötle och Gudmund. Då kom Helge till och sade: "Bättre höfdes eder att slåss med svärd än föra slikt tal. Fastän Granmars söner ej äro mina vänner, kräfver sanningen dock att tillstå att de äro dråpliga män."

Bort redo Granmars söner på sina frustande gångare och marken dånade under hofvarnes slag. Hödbrodd mötte dem i borgporten, fullt rustad med hjälm och brynja, och sporde hvad som vållade deras vrede:

Gudmund svarade: "Hit ha Völsungar kommit. I Gnipalunden ligga guldskimrande skepp, med tolfhundra välrustade kämpar, men sjutusen komma efter på sjön. Helge råder för hären och till strid har Ylfvingasonen stämt oss."

Då utbrast Hödbrodd: "Betsla gnäggande gångaren och sänd bud till alla som kämpa kunna; lämna ingen hemma som kan bära svärd. Värdigt skola Völsungar mottagas."

Vid Fräkastenen drabbade kämpaskarorna samman. Lansar flögo som pilar i luften. Tungt föllo svärdens hugg mot glänsande hjälmar och sköldar klöfvos. Med blodiga brynjor gingo kämpar i mängd till Valfaders sal. Högt svajade Helges baner, och i spetsen för sin här gick den djärfve själf och fällde mången ädel hjälte.

Men uppe i skyn på glänsande hästar sprängde en skara valkyrior fram och länkade striden till seger åt Völsungasonen. Kampen blef hårdare, på flykt tänkte ingen, vapnen korsades med väldigt gny och högt öfver vapenbraket ljöd Sigruns röst, när hon talade till den kämpande Helge:

"Hell dig, höfding!
Härska öfver män,
du gudaborne
och gläds åt lifvet
då fällt du har
flykthatarn,
drottnen som kämpens
död vållat.

Du, höge herre!
hafva skall
både ringar röda
och rådande mö.

Hell dig, du höge!
herre du varde
öfver Högnes dotter,
öfver seger och land.
Då lyktar kampen!"

Nu föll Hödbrodd för Helges svärd; därpå slutade striden.

Völsungarna drogo hem och Sigrun vardt Helges maka, sedan han slutit fred med hennes släkt, ty så väl hennes fader som flere bröder hade fallit. Sinfjötle drog dock snart åter ut på härfärder och vann seger och byte. Då träffade han en fager furstedotter och friade till henne. Men till henne friade äfven en broder till Borghild, Sigmunds maka, Helges moder. Det kom nu till strid mellan de båda drottarne, och Sinfjötle fällde sin medtäflare.

När han med alla sina skepp och allt sitt byte kom hem till Sigmunds borg, omtalade han för fadern hvad som skett. När Borghild fick veta det, bad hon Sigmund jaga bort Sinfjötle. Detta ville dock ej Sigmund, utan bjöd henne i stället böter för sin broder. Borghild mottog väl smycken och guld för sin broders död, men beslöt att själf hämnas på Sinfjötle.

Med Sigmunds samtycke tillredde hon en präktig minnesfest efter sin döde broder, och inbjöd till denna alla stormän i riket. Vid gästabudet gick Borghild till Sinfjötle med ett fylldt horn och bad honom dricka. Då han såg ned i hornet, fann han drycken grumlig och sade: "Oklart är mjödet", samt tog hornet och räckte det till Sigmund som tog det och drack.

"Hvarför skola andra dricka för dig", sporde Borghild och räckte för andra gången hornet åt Sinfjötle. Sinfjötle tog hornet, såg ned i det och sade: "Svekfullt är mjödet."

"Gif hit hornet", sade Sigmund och tömde det i botten.

För tredje gången fyllde Borghild hornet och räckte det åt Sinfjötle, i det hon sade: "Drick nu, om du har Völsungablod i dina ådror."

Sinfjötle tog hornet, såg i det och sade: "Etter göms i drycken."

"För den dock till skägget, min son", sade Sigmund, halfdrucken så att han ej insåg faran.

Sinfjötle gjorde som fadern bad, men så snart han druckit, störtade han ned död.

Då Sigmund såg detta, reste han sig upp utom sig af sorg öfver sonens död, hvilken han själf vållat. Han tog därpå den döde Sinfjötle på sina armar och bar ut honom i skogen samt kom inom kort till en sjö. Vid stranden låg en liten båt och i denna satt en gammal man som sporde om han skulle sätta Sigmund öfver sjön.

"Ja", svarade Sigmund dystert.

Båten var så liten att alla ej rymdes i den på en gång, först lades den döde Sinfjötle i båten, därpå for mannen ut på sjön. Sigmund gick långs stranden, men med ens voro både båt och Sinfjötle försvunna ur hans åsyn.

Sigmund kunde då förstå, att Odin själf hämtat sin älskling till Valhalls fröjder. Sigmund vände därpå åter hem. Han försköt sin drottning Borghild och hon dog strax efter af sorg.

63

HELGE HUNDINGSBANES DÖD

Fastän Dag, Sigruns bror, ingått förlikning med Helge och svurit honom dyra eder, kunde han dock ej förgäta sin faders och sina bröders död. Han blotade därför en dag till Odin för fadershämnd och fick af guden låna det underbara spjutet Gungne. Nu gick Dag att uppsöka Helge, fann honom och genomborrade den intet anande Helge med spjutet. Men knappt var dådet fullbordadt, innan Dag kände en bitter ånger öfver sveket. Han red då till Sigrun och sade: "Tungt är mig att mäla, syster, hvad som nu har skett. Sorg bringar jag dig, men höge gudar förde med makt min hand. Med Odins spjut har jag genomborrat den ädlaste bland furstar."

Utom sig utbrast Sigrun: "Öfver dig må alla eder komma, dem du svurit Helge! Ej gånge ditt skepp, om än medvind det har! Stilla stånde din häst, om du vill fienden fly! Ej bite ditt svärd förrän det skall din egen bane varda! En varg du varde och irre fredlös i villande skog! Ej föda du finne, utom när lik du sliter!"

Förskräckt utropade Dag: "Du rasar, syster, i vanvetts yra, då så du manar ondt åt din ende broder. Odins är skulden, hans som burit fejdrunor mellan oss. Bot bjuder jag dig, syster, i glänsande ringar och präktiga gårdar. Tag halfva mitt rike i bot för din och dina söners sorg."

Sigrun sade: "Osäll sitter jag ensam på Sätvafjället, om ej ädle kungen ilar på vingsnabb fåle i sin drottnings famn. Så slog Helge sina fiender med skräck som villande getter förfäras för roflystne vargen och af fruktan fly utför fjällens branter. Så stod Helge öfver alla furstar som härliga asken öfver Valhalls sal."

Nu uppkastades hög öfver Helge, men i Valhall bjöd honom Odin att jämte sig härska öfver höga enhärjar. Där mötte han Hunding och sade till honom: "Du, Hunding, skall bära fotbad åt hvarje kämpe, tända elden, binda hundarna, vakta hästarne och ge svinen föda, förrän du går till hvila!"

En afton gick Sigruns tärna utmed Helges grafhög;
då såg hon Helge jämte många män komma ridande till
högen.

Tärnan sade: "Är det ett bländverk som sväfvar för
min syn, eller stundar Ragnarök? Hvart rida de döde
som sporra hästarne? Får höfdingen vända åter till sör-
jande maka?"

Helge svarade: "Ej är det ett bländverk som sväfvar
för din syn, ej stundar tidernas slut. Fast vi sporra våra
hästar, får ej höfdingen vända åter till hemmets härd."

Tärnan gick då hem till Sigrun och sade: "Gå, Sigrun
från Säfvafjället, om du än vill möta härens höfding. Hö-
gen står öppen och Helge har kommit. Såren drypa af
blod, han bad dig stämma dess flöde."

Sigrun ilade till högen och fann Helge. Utom sig af
glädje utbrast hon: "Nu jag gläds åt ditt möte, Helge,
som Odins hungrande korpar glädjas åt valens blodiga
byte. Dig vill jag kyssa, älskade furste, innan du aftar din
blodiga brynja. Rimfrost höljer ditt hår, Helge, våt är du
af valens dagg och händerna kalla! Hur skall jag bota
dig, Helge?"

Helge svarade:

"Blott du vållat det, Sigrun
från Säfvafjällen!
att Helge simmar
i sorgens dagg.

Du gråter, guldprydda!
grymma tårar,
du solhvita från söder!
förrn du att sofva går;
hvar tår faller blodig
på bröstet af fursten,
töar iskall,
af ångest tung."

Sigrun redde ett läger i högen och kvad:

"Här jag bäddat
dig, Helge, en säng,
hvari du sorglös sofver,
son af Ylfving!
Låt mig, furste!
i din famn somna,
liksom du lät mig
i lifvet fordom!"

Helge svarade: "Nu skall intet synas mig omöjligt, när du, Högnes kungaborna dotter som är kvar i lifvet, lägger dig nöjd att hvila i den dystra högen på den dödes arm", Helge kvad kort efter:

"Nu måste jag rida
rodnande vägar,
på bleka springarn
spränga genom rymden.
Jag skall vara väster
om vindhjälmens bro,
innan salens hane
segerhjältarne väcker."

Helge red nu med sitt följe bort, och Sigrun med sina tärnor återvände hem. Kvällen därpå lät Sigrun en af tärnorna hålla vakt vid högen, men då skymningen föll på och Sigrun kom, sade tärnan:
"Väl hade Sigmunds ättling kommit nu från Odins salar, om han tänkte komma. När örnarna somnat på askens grenar och allt folket dragit till drömmarnas ting, då är hoppet ute. Gå ej ensam, o Sköldungadis, till de dödas hus, mer förmå deras vålnader under nattens mörker än vid dagens ljus."
Sigrun dog snart af sorg. Men det troddes att både hon och Helge blefvo födda på nytt. Då var hon valkyrian Kåra Halfdansdotter och han Helge Haddingeskate.

SIGMUNDS VIDARE ÖDEN OCH DÖD

Sedan Sigmund förskjutit Borghild och hon dött af sorg, drog han vida omkring på vikingatåg. Härunder sporde han att kung Eilimes dotter, Hjördis, skulle vara mäkta fager och klok, och han beslöt draga till hennes fader och begära henne till maka.

Bud sändes till kung Eilime som bad Sigmund vara välkommen att som vän gästa hans hof.

Med ett präktigt följe företog Sigmund färden, och kung Eilime tillredde genast ett lysande gästabud för att värdigt mottaga sin frejdade gäst. Men dit kom på samma gång konung Lyngve, Hundings son, och snart visade det sig att äfven han kom för att gilja till den fagra Hjördis.

De båda mäktiga kungarna, den åldrige i strider och mödor pröfvade och härdade Sigmund, van att segra, och den unge, eldige, djärfve och stridslystne Lyngve, stodo nu täflande om samma pris.

Att valet skulle bli ödesdigert förutsåg kung Eilime väl. Han hemställde därför till sin dotter att hon själf skulle kora den make hon ville hafva.

Dottern svarade: "För detta råden I bäst själf, fader; dock håller jag den för bäst som vunnit största ryktet, ehuru han är väl till åren."

Kung Sigmund fick då den fagra Hjördis till maka. Ett präktigt bröllop dracks och dag efter dag förgick under fester, till dess Sigmund och hans unga brud reste till Hunaland, följda af kung Eilime.

Länge fingo de båda konungarna icke njuta fredens lugn, ty snart stod vid gränsen af kung Sigmunds rike den till hämnd rustade Lyngve. Han hade nu kommit för att vinna rykte, ära och guld och han hade dyrt svurit att hämnas på Völsungakungen. Han sände bud till kung Sigmund och kung Eilime och stämde dem båda till strid.

Kung Sigmund antog utmaningen och samlade i hast en väldig här. Sin unga drottning jämte en stor mängd dyrbarheter sände han till en enslig borg djupt inne i skogen. Därpå drog han ut i striden.

Sedan de båda kämpande ordnat sina härar, ljödo stridslurarna och kampen begynte. Främst stormade Sigmund och Eilime fram och många af Lyngves tappraste kämpar föllo för deras hugg. Väldigt högg Sigmund, och skarpt bet hans svärd, då han med oemotståndlig kraft banade sig väg genom fiendens tätaste led, och med honom följde Völsungarnas segervana skaror. Väl var kung Lyngves här till antalet vida öfverlägsen kung Sigmunds; men segern förblef dock länge oviss. Redan höll öfvermakten på att vika för Sigmunds pröfvade kämpar. Då syntes plötsligt i kung Lyngves här en väldig gammal man i blåspräcklig kappa och bredskyggig hatt, med ett spjut i handen. Han gick mot den rasande Sigmund, svängande sitt spjut, och när Sigmund högg som skarpast, träffade hans svärd det utsträckta spjutet och fastnade där. Spjutet höll, men det af Odin skänkta svärdet sprang af. Nu var Sigmunds framgång bruten, hans kraft förlamad af Odins makt. Själf vapenlös, kunde han blott egga sina män till strid, men allt motstånd var nu förgäfves, och kort efter föllo både Sigmund och Eilime.

Nu stod kung Lyngve som segrare, och nu ville han äfven få alla segerns byten. Han skyndade till Sigmunds borg för att finna den stolta Hjördis; nu skulle han tvinga henne att följa sig, och dessutom skulle han finna allt kung Sigmunds guld. Men han fann intet af hvad han sökte, hvarken Hjördis eller skatter.

Sedan delade han riket mellan de tappraste af sina män och trodde nu att han för alltid skulle vara fri från Völsungaätten, nu då den siste, mäktige ättlingen fallit.

Så snart Hjördis fick spörja stridens utgång, skyndade hon om natten, följd blott af en tärna, till valplatsen för att finna sin make. Hon fann honom ännu vid lif och sporde, om han kunde läkas genom hennes ömma omsorger.

"Många kunna lefva upp, fast hoppet är svagt; med mig är det dock ute. Ej vill Odin att jag i flere strider skall svänga mitt svärd, sedan detta sprungit i stycken mot hans dvärgasmidda spjut. Länge nog har jag kämpat, mig lyster nu hvila i Valfaders salar."

"Intet skall synas mig tungt, om blott du kommer åter till mig och hämnas min tappre faders död", sade Hjördis klagande.

Sigmund svarade: "Detta skall en annan göra. Den son du bär i ditt sköte skall växa upp till den mest frejdade hjälten i vår ätt. Fostra honom väl och förvara styckena af mitt brustna svärd. Af dem skall smidas ett härligt vapen som skall kallas "Gram", det skall vår son bära. Med detta skall han utföra många kämpadater, hvilkas rykte man skall minnas så länge världen står. Var nöjd med detta! Mig smärta de djupa såren, och snart hälsar mig min frejdade fader i Valhalls salar." Hjördis stannade hos Sigmund. Den döende kungen hvilade i hennes armar, och när morgonrodnaden bredde sina första glänsande färger öfver himlahvalfvet, drog han sin sista suck.

SIGURD FAFNERSBANE

När dagen randats, såg Hjördis strax utanför kusten många lysande drakskepp, sakta vaggade framåt af hafvets lätta böljor. Då Hjördis såg att männen ombord hade märkt hvad som tilldragit sig på valplatsen och styrde sina skepp till stranden, sade hon till sin tärna att de måste byta kläder med hvarandra och skifta namn, så att tärnan skulle säga sig vara konungadottern och Hjördis tjänarinna. Så skedde ock.

För skeppen rådde den unge Alf, konung Halfrek af Danmarks son. Han lade sina skepp vid strand och sände männen upp för att spörja efter tidender om den väldiga striden som här utkämpats. Männen togo de båda kvinnorna och förde dem till skeppen. Alf sporde efter deras namn.

Tärnan svarade ej på denna fråga utan begynte förtälja om kungarne Sigmunds och Eilimes fall och de tallösa kämpar som jämte dem funnit sin död i striden.

Alf sporde då, om de visste hvarest kungarnes skatter funnos gömda. Strax omtalade tärnan det, och Alfs män funno så mycket guld och dyrbarheter, att de aldrig tillförene tyckt sig sett mera samladt på en plats. Allt fördes ombord på Alfs skepp, och sedan seglade de hem till Danmark, dit äfven de båda kvinnorna följde med. Själf stod Alf vid rodret och samtalade mycket med Hjördis och hennes tärna och fann stort nöje i deras tal.

Sedan de varit hemma en tid i kungsgården; sade Alfs moder att hon tyckte den förmenta tärnan skickade sig bättre än konungadottern. Drottningen tviflade därför på att det var som de båda tärnorna sagt. Alf beslöt då att genom list utforska hvem som verkligen var konungadotter.

Han satte sig därför om aftonen midt emellan dem och sporde dem efter de tecken, på hvilka de märkte att natten var liden, då ej himmelens stjärnor sade dem det.

"Jo jag", svarade först den förmenta konungadottern, "plägade i min ungdom dricka mjöd om morgonen, och när jag slutade upp därmed, vaknade jag likväl vid samma tid. Detta var mitt märke."

Alf log åt detta svar och sade: "Det var en dålig vana för en konungadotter."

Därefter vände han sig till Hjördis som sade: "Min fader gaf mig en liten guldring som har den egenskapen att under nattens timmar kännas kall på mitt finger. Det är mitt nattmärke."

"Det var godt om guld, när tjänstepigor bar det", sade Alf. "Nu ser jag nogsamt att du har dolt rätta förhållandet för mig, ty jag finner att vi båda äro kungabarn, och bättre vördnad skall hädanefter visas dig."

Hjördis födde vid kung Halfreks hof en son, Sigmunds hugstore ättling, och när kungen fick se barnet, sade han: "Ej lär någon blifva det barnets jämlike!" Därefter vattenöstes svennen och fick namnet Sigurd.

Sigurd växte upp till en skön ungersven som öfvade sig i sin tids alla idrotter, i hvilka han blef mästare. Om honom förtälja sagorna, att han i skönhet, styrka, mod och skicklighet öfvergick alla sina samtida, att hans like i manlig hug och kraft ej fanns. Redan från barndomen var han älskad af alla, så väl jämnåriga som äldre, och i kämpalekar och spel gick han alltid i spetsen. När och hvarhelst han nämnes, bland mäktige kungar och hugstore kämpar, städse nämnes han främst.

Alf tog sedan Hjördis till husfru och Sigurd fick Regin, Reidmars son, till fosterfader. Denne Regin är den i gudasagorna omtalade Utters broder. Han lärde Sigurd tyda de ädla runorna samt att förstå främmande tungomål.

En dag uppmanade han Sigurd att af kung Halfrek utbedja sig en häst. Han gjorde så, och kungen svarade, att han själf kunde utvälja sig en ur kungens präktiga hästflock.

Dagen därpå gick Sigurd ut åt markerna, där kungens hästar gingo på bete. På vägen mötte han en gammal man med yfvigt skägg. Mannen sporde Sigurd hvart denne ämnade sig.

"En häst vill jag välja mig", svarade Sigurd, "och hvad råd ger du mig?"

Den gamle mannen som icke var någon annan än Odin själf, sade: "Vi skola drifva alla hästarne i sjön och sedan utvälja den bästa simmaren."

Nu jagades alla hästarne ut i den stora sjön, men blott en af dem, en ung, stor grå springare, förmådde simma öfver. Denne, på hvars rygg ännu ingen suttit och i hvars mun ännu intet betsel legat, ledde sin härkomst från Sleipner. Sigurd kallade hästen Grane, satte sig genast upp på honom och tyglade honom med lätthet. Grane bar sedan Sigurd på alla hans färder, och likt Sleipner skydde han hvarken eld eller vatten. Bättre häst kunde ej tänkas.

En annan dag sade Regin till Sigurd: "För att vara en konungason har du allt för få ägodelar, och det harmar mig djupt att se dig springa fattig som en trälpojke. Dock vet jag hvarest du lätt kunde vinna så mycket guld att det godt skulle hinna under hela din lefnad, du månde blifva huru gammal som helst."

"Hvar finnes det guldet och hvem är ägaren?" sporde Sigurd.

Regin svarade: "På Gnitaheden ringlar sig den stora ormen Fafner, rufvande på en skatt, hvars like världen icke skådat. Många Völsungar ha velat äga den skatten, men ännu har ingen förmått taga den. Men vida öfvergår du i kraft, mod och klokhet alla dina förfäder och en ringa sak skulle det vara för dig att dräpa ormen och taga hans gömda guld. Sedan skulle du blifva den rikaste och mäktigaste konung i världen."

"Hvarför eggar du mig så?" frågade Sigurd. "Detta guld har sin egen saga", svarade Regin. "Förtälj mig den", sade Sigurd.

REGIN BERÄTTAR OM SIN BRODER FAFNER

Min fader hette Reidmar och var en mäktig och rik man. Han hade tre söner: Fafner, Utter och jag. Fafner som var äldst, var grym och girig. Han ville tillägna sig allt.

Utter var en stor fiskare och vistades om dagarna i skepnad af en utter uti forsar och strömmar, hvarest han fångade fisk. Fisken förde han sedan hem, och min fader hade stor hjälp af honom.

Jag var yngst och tillika den ringaste; dock lärde jag mig smida som få. Månget konststycke af järn, silfver och guld har kommit från mina händer, och alltid visste jag göra något nytt.

Min broder Utter plägade ofta fiska i en ström som kallades Andvares fors, efter en dvärg, Andvare, hvilken ständigt i en gäddas skepnad sam i forsen som var mycket fiskrik. Här fångade min broder fisk, en och en i sänder, och lade på land. Då han en dag hade tagit en stor präktig lax och just satt sig på strandbrädden för att som vanligt blundande, äta upp densamma, kommo Odin, Loke och Höner gående där förbi. Då Loke fick se den präktiga laxen, tog han upp en sten och kastade på

Utter, så att denne dog. Asarne funno bytet godt och togo både uttern och laxen.

På aftonen kommo de till min fader Reidmar och visade då sin fångst. Vi togo genast fast asarne och kräfde af dem i böter för dråpet på vår broder, att de skulle fylla hela utterskinnet med guld och sedan täcka det uppstoppade skinnet helt och hållet med det röda guldet. Loke sändes nu för att skaffa den ådömda lösepenningen. Han gick först till Ran och lånade hennes nät, begaf sig därmed till Andvares fors och kastade ut nätet för en gädda som sam fram där. Gäddan gick i nätet och Loke sade: "Hvad är det för fisk som i floden ränner och kan sig ej för faran vakta? Lös nu ditt hufvud från Hel, bringa mig strax böljornas brand."

Gäddan svarade: "Andvare jag heter. Odin var min fader. I många strömmar jag farit, en olycksnorna i arla dagar skapte mig att i vattnet vada."

Andvare framtog nu åt Loke allt sitt guld, men denne såg att dvärgen hade ännu en guldring kvar, hvilken Loke äfven tog ifrån honom. Då gick dvärgen ensam in i berget och utbrast: "Denna ring och detta guld skall alla sina ägares bane varda." Loke log åt talet.

Nu begaf sig Loke med skatten till Reidmar, och asarne fyllde utterskinnet med guld, ställde det på fötterna och öfvertäckte det med guld. När nu detta var gjordt, gick Reidmar fram. Han såg då ett morrhår sticka ut och bjöd dem att äfven täcka öfver det. Då drog Odin Andvares ring af sitt finger och höljde håret med den. Loke kvad då:

"Guld är dig gifvet,
gyllne böter
här du för mitt hufvud har.
Sällhet bringar
det ej din son.
Det skall bådas
eder bane varda."

73

Då min fader icke ville lämna oss någon andel i lösepenningen för vår broder Utter, drap Fafner vår fader Reidmar, men tog hela skatten för sig och jag fick intet däraf. Fafner blef så girig och elak, att han ej ville låta någon mera än han själf njuta af godset, hvarför han förvandlade sig till en stor orm och gick ut på heden, där han lade sig öfver sin omätliga skatt. Denna blef därefter kallad "Uttersgälden". Jag gick sedan till kungen och blef hans smed. "Mycket har du förtäljt och grymma ha dina fränder varit", sade Sigurd.

REGIN SMIDER SVÄRDET GRAM

"Smid mig ett svärd, fosterfader", sade Sigurd, "ett skarpt svärd för dådfull tid, och Fafner skall ej länge dölja sin gyllene skatt."

Regin lofvade detta och smidde ett svärd som han lämnade Sigurd, i det han sade: "Med detta svärd kan du dräpa Fafner."

Sigurd tog svärdet sägande: "Jag vill pröfva ditt smide." I det samma högg han i städet, så att klingan brast. Harmsen kastade han bitarna ifrån sig och bad Regin smida ett annat och bättre svärd.

Regin smidde nu med ännu mera konstfärdighet ett annat svärd och gaf Sigurd, sägande: "Se här ett som du bör finna godt, ehuru det synes vara en vansklig sak att smida dig svärd."

Då Sigurd pröfvande högg det i städet, brast äfven detta svärd i stycken. Vredgad utbrast Sigurd: "Uselt är ditt smide och falsk månde du själf vara som dina öfriga fränder."

Sigurd gick nu till sin moder och sporde henne om hans fader, kung Sigmund, lämnat henne sitt svärd som brast när det korsade Odins spjut.

Hjördis svarade: "På slagfältet, innan din hugstore fader gick till Valhalls salar, gaf han mig sitt brustna svärd och bjöd mig att lämna styckena åt vår son, för att däraf smida ett nytt, när han blef nog kraftig att kunna föra det. Jag lofvade honom detta just då första skymten af solens hästar syntes på deras glänsande ban. Nu är tiden inne att uppfylla mitt löfte, nu är din arm kraftig nog att svinga din faders svärd, och fastän blott en ungersven, är ditt sinne dock likt en frejdad hjältes."

Därmed lämnade hon Sigurd svärdshalfvorna, med hvilka han genast begaf sig till Regin och bad honom af detta smida ett svärd.

Ehuru vredgad öfver Sigurds missnöje med de båda förra svärden, tog dock Regin styckena och gick strax till smedjan, lofvande att göra sitt bästa. När svärdet var färdigt, tyckte smedsvennen att eggen flammade likt eld. Regin lämnade svärdet till Sigurd och sade, att han icke kunde smida något bättre, ifall detta ej dugde.

Sigurd tog svärdet och högg i städet så det klang vida omkring. Städet klöfs uppifrån och ända till foten, men svärdet höll och intet märke kunde synas i eggen. Nu vardt Sigurd glad, tackade sin fosterfader och prisade hans konstfärdighet. Därpå gick Sigurd ned till strömmen, kastade en ulltott i vattnet och lät den flyta mot svärdseggen. Ulltotten klöfs midt i tu. Svärdet kallades Gram.

Regin bad nu Sigurd att hålla sitt löfte att uppsöka och dräpa Fafner. Detta lofvade Sigurd; först ville han dock utkräfva hämnd på Hundings söner för dråpet på hans fader, kung Sigmund.

SIGURD HÄMNAS PÅ HUNDINGS SÖNER

Nu gick Sigurd till kung Halfrek och sade: "Länge nog har jag med lek nött tiden bort; på andra värf höfves mig nu att tänka. Ohämnadt är än min faders dråp och från Völsungars ätt tro sig kung Hundings söner för alltid frie. Denna hämnd är min första plikt; den skall äfven bli min första bragd. Låt mig därför draga bort från eder, konung; och gif mig ett skepp för att plöja hafvets våg."

Konungen lofvade detta och lät på det präktigaste utrusta flera ståtliga drakskepp och förse dem med utvaldt manskap. Seglen voro konstrikt gjorda och skimrade som guld i solskenet. Det största och präktigaste tog Sigurd till sitt höfdingaskepp och ställde sig själf vid rodret.

Under några dagar var vädret godt och färden gick bra. Men sedan växte upp en storm som dref hafvets vågor högt mot skyn och slog dem sönder i yrande skum. Männen ville nu fälla seglen, men Sigurd bjöd att låta dem sitta. Då de seglade om en udde, sågo de en man stående på berget. Han ropade till dem och sporde hvem som var höfding för skeppen. Man svarade att det var Sigurd Sigmundsson, den djärfvaste af alla unga furstar. "Däri sägen I sant", sade mannen på berget, "men fällen nu seglen och tagen mig med."

"Hvem är du då?" frågade Sigurd och fick till svar:

"Jag kallades Nikar,
då korpen jag gladde,
unge Völsung!

Nu kalla du kan
gubben på berget
Fäng eller Fjölne.
Låt mig fara med er!"

De styrde nu mot land och togo gubben ombord. Då lade sig stormen strax och utan vidare hinder seglade de till Hundingssönernas land, hvarest gubben som var Odin själf, försvann. Sigurd lade till med sina skepp, gick i land med sina kämpar och begynte strax sitt härnadståg.

Flyende skaror bragte bud om Sigurds ankomst, och kung Lyngve och hans broder samlade en stor här; därpå drogo de mot den unge Völsungasonen. Snart drabbade härarne samman. Pilar susade som ljungeldar genom luften, högt klang det när svärd träffade svärd, men doft föll klingans egg mot sirad sköld; här klöfs glänsande hjälm och hjältens hufvud föll maktlöst mot blodadt bröst; där trängde spjutets spets genom brynjans ringar och kämpens hjärta vardt för alltid lugnt. Här kämpade

bröst mot bröst gråskäggige, stridsvane hjältar sin sista
kamp, där pröfvade skägglösa ynglingar i djärf tvekamp
sina armars kraft.

Väl voro Hundingssönernas skaror vida större än Si-
gurds här, men som vissnade blad falla för höstens
stormar, så föllo Hundingssönernas män för Sigurds och
hans kämpars svärd. Högst bland alla ljungade Gram,
svingadt af Sigurds arm som eldslågor flammade dess
skarpa egg, och för hvarje hugg föll en af Lyngves käm-
par. På detta sätt banade sig Sigurd väg rätt genom
fiendens tätaste led fram till hufvudbaneret. Där mötte
han Hundings söner. Hård blef kampen, men kort. I luf-
ten blixtrade Gram och föll mot Lyngves hjälm som
klöfs, och kungen fick sin bane. Därefter gick det på
samma sätt med hans broder.

Nu voro Hundings söner fallna, och nästan hela deras
här låg död på slagfältet. Sigurd hade vunnit sin första
seger, och valens fåglar hade fått byte nog.

Fadershämnd hade Sigurd kräft, och med rika skatter
vände han åter till kung Halfreks land. Men ryktet om
hans seger spriddes vida omkring, och den unge Völs-
ungaättlingens namn vardt höljdt med glans. Af kung
Halfrek blef han mottagen med stor heder.

SIGURD DRÄPER FAFNER

Regin påminde nu åter Sigurd om hans löfte att dräpa
Fafner. Sigurd begaf sig då ut till Gnitaheden, där han
fick se den stora ormen ligga i vida ringlar, med
hufvudet öfverst, spejande åt alla sidor. Jättestor, med
skräckhjälm på hufvudet och sprutande etter vidt om-
kring, var han gräslig att skåda, och ingen vågade
komma i närheten af odjuret.

När han kröp till vattnet för att dricka, dånade det och
hela jorden skalf, och både människor och djur flydde
långt därifrån. På detta sätt fick den till orm förvandlade
Fafner ensam njuta af sitt älskade guld.

Ormen begynte just krypa ned till vattnet, när Sigurd varsnade honom, och dånet och jordskalfvet voro fasaväckande, men Sigurd kände ingen bäfvan. Han ilade förut en annan väg och gräfde en grop, stor nog att dölja sig i, och just som ormen ringlade sig öfver den, rände han svärdet Gram ända till fästet in i Fafners hjärta. Därpå ryckte han genast till sig svärdet och sprang upp ur gropen. Men ormens blod stänkte dock Sigurd upp öfver armarna.

När ormen kände att han fått banesåret, slog han med hufvud och stjärt, så att dånet hördes vida omkring. Fafner såg sig om, varsnade Sigurd och sporde:

> *"Hvad är ditt namn,*
> *du djärfve,*
> *som med svärd*
> *mig stungit?*
> *Hvem var din fader?*
> *Hvem har dig*
> *till världen burit?"*

Sigurd svarade: "Krondjur heter jag! Moder- och faderlös kom jag till världen! Ensam går jag min bana fram!"

Sigurd ville ej säga sitt namn, ty om en döende utropade ve öfver sin baneman och nämnde hans namn, bragte det olycka och fördärf öfver honom.

Fafner sade då:

> *"Lögn du bär mig*
> *på min banedag,*
> *om ditt namn*
> *du mig ej nämner."*

Sigurd nämnde då sitt namn och sade, att han var Sigmunds son. Då kvad Fafner:

> *"Med bäfvan folket*
> *för min skräckhjälm flydde,*
> *ej har någon*

i min närhet vågat.
Hvem har dig djärfve
till den bragden hetsat
att mitt lif
med svärdet taga?"

Sigurd svarade:

"Hugen mig hetsat,
händerna mig hulpit
och mitt hvinande hvassa svärd. Ej
djärf och modig
i mannaåren
blir den i barndomen
blödig är!"

Fafner sade då: "Om du vuxit upp fri bland dina fränder, då stode du nog stolt i striden. Men underligt synes mig, att du, ehuru tagen i fejd, vågat denna bragd, ty de fångne pläga alltid vara fega."

Sigurd svarade: "Du förebrår mig att jag är fjärran från mina fränder. Fången är jag dock ej, ehuru tagen i fejd; och nog fann du att jag är fri."

Fafner kvad:

"Hatets ord hör du i allt,
men hör nu hvad jag dig säger:
glänsande guldet,
rodnande skatten,
ringarne din bane reda."

Sigurd utbrast:

"För sin rikdom
råda vill
en hvar intill sin sista dag,
ty en gång
alla skola fara till Hel hädan."

Då kvad Fafner:

*"Råd jag dig gifver, Sigurd,
lyd det rådet du,
rid på Grane hädan.
Glänsande guldet,
rodnande skatten, ringarne din bane
reda."*

"Ditt råd är godt", svarade Sigurd, "men jag rider dock att hämta det guld du och dina fränder ägt."

Då sade Fafner: "Rid du och hämta den gyllene skatten; större rikedom den bringar dig än någon tillförne ägt. Men den skall också varda din bane och samma öde skall drabba hvar och en som blir den skattens ägare." Därefter dog Fafner.

Under det Sigurd torkade blodet af svärdsklingan, framkom Regin som hållit sig dold, och sade: "Hell dig, Sigurd, stor seger har du vunnit, då du dräpt Fafner, i hvars väg ännu ingen dristat komma. Så länge världen står kommer också ryktet om detta hjältedåd att lefva." Strax efter sade Regin: "Men i min broders dråp lär jag ej vara saklös man!"

Stolt svarade Sigurd: "När jag gick mot ormen, vågade du ej följa mig, och medan jag drap Fafner, låg du långt ifrån dold i ljungen och skalf af rädsla."

"Länge hade Fafner lefvat", svarade Regin, "om du ej haft det präktiga svärdet Gram som jag med så mycken konst smidt åt dig."

"Mod är bättre än skarpt svärd", genmälde Sigurd; "modig man kan segra äfven med slött svärd." Nu gick Regin fram och skar hjärtat ur ormen samt drack blod ur såret. Sedan bad han Sigurd att steka hjärtat öfver elden, medan han själf lade sig att sofva en stund.

Sigurd tog då Fafners hjärta, satte det på ett spett och stekte det öfver elden. När det började fräsa och blodet fradgade ur hjärtat, tog Sigurd med fingret därpå för att känna om det var stekt. Då han därvid brände sig, stack han fingret i munnen. När så Fafners blod kom på Sigurds tunga, förstod han fåglarnas låt. Han hörde då

några nötväckor som sutto i träden öfver honom, kvitt-
rande samtala.
Ena nötväckan kvittrade:

> *"Där sitter Sigurd*
> *stilla vid elden*
> *stekande Fafners hjärta.*
> *Själf skulle hjälten*
> *äta detsamma,*
> *visare blefve*
> *han då än andra."*

En annan nötväcka:

> *"Där ligger Regin.*
> *Svekfull i hugen*
> *lättrogne svennen*
> *svika han skall.*
> *Själf vill han råda för skimrande*
> *skatten,*
> *sen Sigurd den hugstore*
> *kämpen han dräpt."*

En tredje nötväcka kvittrade så:

> *"Han hufvudet skulle*
> *af nidingen taga*
> *och sända honom hädan till Hel.*
> *Sen kunde Sigurd*
> *råda för guldet,*
> *rikast bland furstar*
> *blefve han då."*

Då reste sig Sigurd, sägande: "Så skall ej ödet råda att
Regin varder min bane. Förr vill jag själf sända honom
till Hel."

Därmed högg han hufvudet af Regin, åt upp Fafners
hjärta och drack båda brödernas blod. Då hörde Sigurd
nötväckan kvittra:

"Bind hop de röda
ringarne, Sigurd.
Fafners skimrande
skatt dig tillhör.
Rid sen till höga
Hindarfjället.
Fagraste mö
finner du där.
Af Odin den vrede
med sömntörne stungen
hvilar valkyrian
sänkt uti sömn.
Segerdrifva ur sömnen
kan väckas endast
af kämpen
som fruktan ej känt."

Sigurd följde nu Fafners spår och kom så till hans bo-
ning som stod öppen. Dörrarna voro af järn och likaså
stolparna, hvilka voro nedgräfda i jorden. Här fann Si-
gurd så mycket guld att han därmed fyllde två stora
kistor. Allt godset lade nu Sigurd på sin häst, men hästen
rörde sig icke. Sigurd förstod då hvad han ville, satte sig
upp på Granes rygg och som en stormvind ilade hästen i
väg öfver heden med sin herre och dennes nyvunna
skatt.

SIGURD OCH BRYNHILD

Sigurd red nu mot Hindarfjället för att styra vägen vidare
till Frankland.

Det var en ståtlig syn att se honom rida fram på sin
härliga gångare. Sigurd hade nu utvecklat sig till sin
fulla manliga skönhet och han öfvergick däruti alla
andra män lika mycket som ryktet om hans bedrifter
öfverglänste andra samtida kungars och höfdingars.

Han var utomordentligt stor till växten, bredaxlad
och starkt byggd. Han var så högrest, att när han, om-
gjordad med svärdet Gram, gick genom en fullvuxen

rågåker, räckte högsta rågaxen endast upp till svärdfästet.

Hufvudet var stort och ädelt formadt, det rika bruna håret föll i vackra lockar ned åt axlarna, och hans långa krusiga skägg hade samma färg; hans ögon voro glänsande och så skarpa att ingen kunde uthärda hans blick. Gången var stolt och hållningen ädel, så att alla som närmade sig honom gjorde det med stor vördnad. Han talade väl och öfvertygade alla.

Han var tapper till oförvägenhet och kände aldrig fruktan, hugstor, ädelsinnad och slösande gifmild samt mycket praktälskande. Han lät därför också på det präktigaste smycka så väl kläder som vapen. Hjälm, sköld och brynja glänste af guld och likaså hästens sadel och betsel. På allt hade han som sitt särskilda märke inristat en drake, svartbrun upptill och rosenröd nedtill. Detta som ett minne af den dräpte Fafner.

Vid framkomsten till Hindarfjället såg han ett flammande eldsken sprida sig högt upp mot himlahvalfvet, och högst på fjälltoppen reste sig en sköldborg med en svajande fana på.

Sigurd trängde genom de flammande lågorna in i borgen. Där såg han en man ligga sofvande, iförd full rustning. Rustningen satt som vore den fastvuxen vid kroppen. Sigurd aftog hjälmen och såg då, att det var den fagraste valkyria och ej någon kämpe. Då riste han med svärdet Gram upp brynjan och skar varligt upp ärmarna, därpå drog han af den. Då vaknade valkyrian, reste sig och sade: "Hvem är så stark att han mäktar genomskära brynjans ringar och väcka mig ur min djupa sömn? Månne det är Sigurd, Sigmunds son, med Fafners bane i sin hand?"

"Jag är en ung Völsungason!" svarade Sigurd. "Allt för djup synes mig din sömn. Jag har sport att du är en mäktig konungs dotter, berömd för din skönhet och din kunskap om andra världars visdom."

Brynhild sade: "Segerdrifva nämndes jag i Odins sal; här heter jag Brynhild, Budles dotter. Tvenne kungar

83

stredo. Den ene var en gammal grånad segervan kämpe, och honom hade Odin lofvat seger; den andre, en ung hjälte, älskade jag och skänkte honom seger. Vredgad stängde då Odin mig inne högt upp på fjället. Han sade att jag aldrig mer skulle råda för stridens öden och att jag skulle gifta mig, stack mig så med ett sömntörne och omgaf min borg med rasande flammor. Men jag svor att aldrig den man som känt fruktan skulle äga mig." Sigurd bad henne sedan lära sig visdomsrunor. Segerdrifva svarade, att han säkerligen vore lika vis som hon, men att om hon därmed kunde glädja honom, skulle hon kväda de kraftförlänande runosångerna.

Hon kvad då:

"Hell dig, dag!
Hell eder, dagens söner!
Hell dig, natt och nattens dotter!
Blicken på oss
med blida ögon
och gifven de sittande seger!

Hell eder, Asar!
Hell eder, Asynjor!
Hell dig, du gifmilda jord!
Gifven oss ädelborne, två,
ord och visdom,
lånen oss läkande händer!"

Sedan hon nu anropat höga makters skydd, räckte hon Sigurd ett horn fylldt med underbart mjöd som skulle stärka hans minne; därpå begynte hon:

"Signa bägarn,
haf din blick på faran,
och lägg en lök i drycken!
Då varder aldrig,
det vet jag,
något menligt dig i mjödet blandadt,

Lär bränningsrunor,
om du bärga vill
segelhästen på hafvet;
rista dem på stammen
och på styrbladet,
bränn in dem med eld i åran!

Lär stjälkrunor,
om du vill sjuke bota
och kunna för sår sörja;
rista dem i barken
och å resliga stammen,
hvars löfstjälkar åt öster luta."

Sedan Segerdrifva kvädit några andra sånger, sporde
hon, om Sigurd ville lära än flera. Sigurd bad henne
därom, och hon begynte då:

"Mitt första råd är,
att du fränder dine
ingen våda vållar.
Var sen till hämnd,
fast de harm dig göra,
det båtar dig bäst efter döden!

Mitt andra råd är,
att ingen ed du går,
om icke på sann sak.
Svek får slita
segt ris,
ulf i löften är led.

Mitt tredje råd är,
att på ting du icke
träter med duglös dåre;
ty usel man
ofta säger
värre ord, än han vet."

Ännu många flera råd gaf Segerdrifva honom, och när hon slutat, sprang Sigurd upp, hänförd af hennes visdom och sade: "Visare och skönare kvinna finnes ej i världen än du! Jag svär att du skall blifva min, ty du är en kvinna helt efter mitt sinne!" Segerdrifva svarade: "Dig önskar jag mig helst, om jag än kunde välja bland all världens hjältar!" Därefter svuro de hvarandra dyra eder och skildes så åt, och Brynhild fick Andvares ring af Sigurd.

SIGURD HOS KUNG GJUKE

Sigurd red nu vida vägar och kom så till kung Gjukes rike som var beläget söder om Renfloden. Han var en mäktig konung, dock ej så rik och berömd som kung Budle, Brynhilds fader. Hans maka var Grimhild, en hård och trollkunnig kvinna. De hade tre söner, Gunnar, Högne och Guttorm, samt en dotter, Gudrun, berömd för sin skönhet och klokhet.

När vakterna på Gjukes borg varsnade Sigurd, sade de sins emellan: "Månne en af gudarne kommer för att gästa vår konung. Se hur hjälm och brynja lysa af guld, hur stolt och ädelt hjälten skickar sig och hur stor och härlig hans häst är."

När Sigurd nådde fram till borgporten och vakten sporde att det var Sigurd, Fafners bane, som anländt, blef han på det vördnadsfullaste hälsad af alla och väl mottagen af Gjuke och dennes söner som beundrade Sigurd storligen för hans mod och styrka. Ofta redo de ut tillsammans, och vid alla lekar och vapenöfningar segrade Sigurd; också tyckte alla att han var främste mannen i allt.

Länge hade dock ej Sigurd varit där, innan Grimhild märkte hans kärlek till Brynhild, ty han talade ofta om hennes vishet och skönhet. Detta behagade ingalunda Grimhild som fann att bättre gifte än Sigurd ej funnes. Hon beslöt att Gudrun skulle äga både den tappraste hjälten och den största skatten. Därför tillredde Grimhild en glömskedryck, och en afton när alla sutto vid dryckesborden trädde hon fram till Sigurd, räckte honom ett fylldt horn och sade: "Stor gamman hafva vi haft af dig och allt godt önska vi dig. Tag detta horn och drick!" Sigurd tog hornet och tömde det.

Då sade Grimhild: "Kung Gjuke skall vara din fader, jag din moder och våra söner skola vara dina bröder och I skolen ingå fostbrödralag. När I alla ären förenade, kan intet i världen bryta eder makt."

Sigurd gladdes åt hennes tal och genom drycken förglömde han de eder han svurit Brynhild.

En afton skänkte den fagra Gudrun i åt honom. Han bedårades af hennes skönhet och bad kung Gjuke om hennes hand. Kort efter drucko de bröllop och Gudrun älskade sin make öfver allt annat i världen.

GUNNAR FRIAR TILL BRYNHILD

Grimhild hade nu vunnit sitt mål. Hon beslöt nu att Gunnar, hennes äldste son, skulle äkta Brynhild, Budles rika dotter, och hon uppmanade honom att draga till Brynhilds borg på Hindarfjället och framföra sitt ärende.

Gunnar var dock föga böjd därför, men både hans far, bröder och Sigurd uppmanade honom ifrigt. Då red Gunnar och Sigurd till kung Budle och bad om Brynhilds hand. Denne tog väl emot dem, men sade att dottern vore så trotsig att hon själf ville råda i allt. Hon hade svurit att ej taga till make någon annan än den som vågade rida genom de flammande lågor, hvilka omslöto hennes borg.

Då redo de hän till Hindarfjället, och Gunnar sporrade sin häst för att komma genom lågorna, men förgäfves. Sigurd lånade honom då Grane, men ej ens nu kunde Gunnar komma igenom.

Sigurd och han skiftade då hamn som den trollkunniga Grimhild tillförene lärt dem, och i Gunnars gestalt red Sigurd genom flammorna.

När Grane kände guldsporrarna, stegrade han sig och störtade rätt in i lågorna med Sigurd. Flammorna slogo högt upp och det vardt ett gny så väldigt att hela jorden skalf; Sigurd själf var nära att mista sansen, men då saktade sig flammorna och han trädde in i borgen, hvarest han fann Brynhild som sporde hans namn.

"Jag är Gunnar, Gjukes son", svarade Sigurd. "Hit har jag kommit med din faders vilja och själf har du lofvat följa den man som red genom de rasande lågorna."

Brynhild ihågkom den ed hon svurit Sigurd, men hon visade sig dock villrådig. Den förmente Gunnar påminde henne då om att han uppfyllt hennes fordran och hon lofvade blifva hans maka.

I tvenne nätter sofvo de i borgen, men svärdet Gram låg blottadt mellan dem, och när Brynhild sporde hvarför, svarade Sigurd, att han blifvit tillsagd att på detta sätt sluta brudköp med sin maka, i annat fall bragte det dem olycka. Medan Brynhild sof, drog han Andvares ring af hennes finger och satte dit en annan i stället.

Sedan red Sigurd åter genom elden och han och Gunnar skiftade hamn. Därpå redo de hem och blefvo väl mottagna af Grimhild som tillredde ett ståtligt gästabud. Dit kom kung Budle med Brynhild, sin dotter, och sonen Atle, jämte stort följe. Gunnars och Brynhilds bröllop dracks och man firade det med skämt och lekar under flera dagar.

Men nu påminde sig Sigurd de eder han svurit Brynhild, och förstod att Grimhild räckt honom en glömskedryck. Han låtsade dock intet märka, och Gunnar och Brynhild skämtade gladt med hvarandra.

SIGURD FAFNERSBANES FALL

Nu lefde Sigurd och Gudrun, Gunnar och Brynhild i fred och lycka en tid bortåt. Men så hände sig en dag att de båda drottningarna begifvit sig till floden för att bada. Brynhild vadade längst ut. Detta förtröt Gudrun och en häftig ordstrid uppstod dem emellan. Förbittrad sporde Gudrun hvad det skulle betyda att Brynhild gick främst. Brynhild svarade: "Min fader är mäktigare än din, min make har utfört djärfvare hjältedåd och ridit genom flammande lågor för att vinna sin brud, medan din endast tjänade andra kungar likt en träl." Då utbrast Gudrun utom sig af harm: "Bättre höfdes dig tiga med slikt tal. Alla äro eniga om att Sigurd är för mer än alla andra kungar. Det var han som dräpte Fafner och tog hans guld, det var han som svor dig dyra eder första gången, när du vaknat upp ur din förtrollade sömn, det var han som i Gunnars skepnad satte öfver de rasande lågorna och slutligen var det han som drog Andvares ring af ditt finger och sedan skänkte mig den. Här kan du se den på min hand." Brynhild bleknade, när hon såg ringen. Därefter gick hon hem, stängde sig inne på sin kammare och lät säga Gunnar, att hon var sjuk och ej kunde känna någon glädje mera här i lifvet. Gunnar kom till henne för att spörja hvad som vållade henne sorg. Till en början ville hon ej svara. När Gunnar så sporde än ifrigare, sade hon: "Jag hade gjort det löftet att ej äkta någon annan än den man som vågade trotsa lågorna. Ej var det du, Gunnar, som red på Grane, utan Sigurd, Fafners bane, den hugstore hjälten. Du har nu tvungit mig att blifva edsbrytare. Till Sigurd hade jag lofvat mig; genom Grimhilds, din onda moders, svek glömde han de eder han svurit; nu skall jag kräfva hans lif som bot."

Förgäfves sökte alla lugna henne; hon rasade i vrede. Gudrun jämrade sig högt och bäfvade för Sigurds lif. Hela borgen var i uppror, men plötsligt lade Brynhild sig ned och vardt som död. Så låg hon i sju dygn. Slutligen bad Gunnar Sigurd att se till, om hon ej kunde väckas. Han trädde in, talade till henne och lyckades slutligen uppväcka henne ur dvalan. Då klagade Brynhild bittert öfver det svek som öfvats mot henne och sade sig ej unna Gudrun att äga så tapper hjälte. Sigurd bad henne tänka på hvilken ädel konung hon hade till make och sade sig ej själf vara tapprare kämpe. Men Brynhild sade sig aldrig kunna glömma den ed hon svurit honom, och förgäfves sökte Sigurd få henne att förlåta allt. De skildes åt. Utanför salen möttes Sigurd af Gunnar som sporde om hans maka ännu vaknat upp. Sigurd sade, att hon vaknat. Gunnar gick in och sporde hvad han kunde göra för att åter få se henne nöjd. Brynhild svarade, att hon ej ville lefva, enär Sigurd svikit henne och Gudrun nu kunde säga att hon, Budles stolta dotter, blifvit förskjuten.

Därpå sade hon till Gunnar: "Du skall mista både riket, lifvet och mig, om du ej dräper Sigurd och hans unga ulfvalp till son som ej förtjänar att fostras upp hos tappre kämpar."

Gunnar blef sorgsen. Med ed var han bunden vid Sigurd, och Brynhild älskade han så högt, att han ej ville mista henne. Han svarade: "Brynhild, du fagraste bland kvinnor, förr vill jag dock offra allt än mista din kärlek."

Därpå gick han till Högne och sade: "Jag har fått stor sorg. Sigurd skall jag döda, ty han har brutit sin ed till Brynhild."

Högne svarade: "Ej för allt i världen vill jag bryta min ed till Sigurd. Bättre svåger få vi aldrig. Dock ser jag godt att din maka eggat dig, men hennes råd bringa oss skam och vanära."

Gunnar sade: "Antingen skall Sigurd eller jag dö."

Då Högne såg sin broders fasta beslut, sade han: "Du kan ju upphetsa vår broder Guttorm, han är ej genom ed bunden och är ung, häftig och obetänksam."

Därpå togo bröderna en orm och något vargkött som de kokade tillsammans, och gåfvo Guttorm att äta. Af denna mat och Brynhilds eggande tal blef han så upphetsad, att han sade sig vilja dräpa Sigurd, i synnerhet som bröderna lofvade honom stora skatter.

Sigurd anade intet svek, ty han visste sig vara värd sina fränders fulla kärlek, och fruktan för döden kände han aldrig. "Sitt öde kan ingen undfly, och de gränser nornan satt för vårt lif kan ingen öfverskrida", plägade han säga.

En morgon gick Guttorm in för att utföra sitt dåd. Sigurd var då vaken, och Guttorm vågade ej anfalla honom. På samma sätt gick det den andra gången, men när Guttorm kom för tredje gången, hade Sigurd somnat. Då rände Guttorm svärdet ända till fästet i Sigurds bröst, så att det fastnade i sängdynan. I det samma vaknade Sigurd, grep sitt svärd och slungade det med sådan kraft efter den flyende Guttorm att denne fick sin bane, ty han klöfs midt itu af det skarpa Gram. Gudrun som somnat i Sigurds famn, vaknade, badande i sin makes blod. Hon blef utom sig och klagade högt af smärta. Då sade den döende Sigurd: "Klaga ej. Dina bröder lefva, dig till fröjd. För vår unge son fruktar jag dock. Ringa hafva dina bröder vetat skatta mitt mod och illa hafva de lönat mig. Ödet har nu gått i fullbordan. Redan länge har jag vetat nornornas dom, ehuru jag för ingen yppat den. Detta är Brynhilds hämnd. Dock älskar hon mig högre än allt i världen. De eder jag svurit dina bröder har jag hållit, men förmådde jag nu föra mitt goda Gram, för visso skulle många mista lifvet som jag förr skonat, och alla dina bröder skulle falla för min hand."

Därpå dog Sigurd. Gudrun klagade högt af sorg, och när Brynhild hörde hennes verop, log hon, fast hennes kind var blek af smärta.

Då utbrast Gunnar: "Ej ler du därför att ditt hjärta är fylldt af fröjd, du falska kvinna. Du förtjänade att nu sitta sörjande öfver din broders, kung Atles, död liksom vi nu få sörja öfver vår broder Guttorm och Sigurd, den ädle hjälten."

Brynhild genmälde: "Jag har nu fått hämnd. En dröm skall jag säga dig, Gunnar. Jag tyckte mig ligga i en kall säng. Du red ifrån mig rätt in bland dina fiender. Hela din ätt och du själf föll till straff för det du brutit de eder du som fosterbroder svurit Sigurd, den hugstore som städse höll sina löften. Du och din moder öfvade grymt svek mot oss, när du lät Sigurd i din gestalt rida till min borg och hämta mig. Ingen utom Sigurd har jag älskat i lifvet; honom vill jag följa i döden."

Gunnar slog armarna om hennes hals och bjöd henne skatter och guld, blott hon ville lefva, men hennes beslut stod fast. Uppfylld af sorg gick Gunnar att söka Högne för att få råd.

Högne sade: "Låt henne fara till Hel, aldrig bringar hon oss lycka. Sedan Brynhild kom, har städse ofrid rådt i borgen."

Under tiden hade Brynhild låtit döda många af sina trälar och trälinnor för att få stort följe till Hel. Därpå hämtade hon allt sitt guld, tillsade att de som önskade sig gåfvor af henne skulle komma dit, och när alla voro samlade, fattade hon ett skarpt svärd och stötte det i sitt bröst, så att hon segnade ned på bädden.

Därpå talade hon länge med Gunnar och förutsade hans kommande öden. Sedan sade hon: "Uppfyll nu min sista bön, Gunnar! Låt på marken resa ett väldigt bål. Tälta det med kostbart tyg, färgadt rödt i mannablod och låt mig brännas vid sidan af honom som jag älskat högst af allt på jorden. Låt så lägga de män och tärnor jag offrat, vid våra fötter. Lägg ett blänkande, skarpt svärd emellan oss och låt oss sedan som makar följas åt i döden. Dödsporten slår honom ej skrällande på hälarna, när han kommer med så stort följe. Än mera ville jag säga, men det varma, röda blodet strömmar ur mina sår och jag känner döden nalkas."

Brynhilds vilja uppfylldes. Sigurd och dennes lille son som Brynhild låtit döda, jämte Guttorm lades på bålet; detta antändes, och när flammorna slogo mot skyn, vacklade Brynhild fram till bålet och bjöd ännu en gång sina tärnor att taga hennes guld. Därpå dog hon och lades sida vid sida med Sigurd, hvilken hon sålunda följde till de dödas boningar.

Gudruns bröder togo nu Fafnersskatten och rådde för den.

KUNG ATLE FÅR GUDRUN TILL MAKA

Efter Sigurds död fann Gudrun ej någon glädje mer i
lifvet. Länge irrade hon omkring i ödemarker och sko-
gar, och när hon då hörde ulfvarnes tjut, önskade hon ej
högre än att blifva söndersliten af dem; men ödet hade
annorlunda beslutat. Slutligen kom hon till den danske
kungens borg. Där vardt hon väl mottagen och dröjde i
sju halfår hos hans dotter, den unga Tora. De båda vä-
ninnorna sutto i jungfruburen och hjälptes åt att på
präktiga bonader sömma Völsungarnes bedrifter, och när
Gudrun så hörde sin makes härliga dåd prisade, blef hon
lättare till sinnes.

Men mellan Atle, Brynhilds broder, och Gjukungarne
rådde nu ofrid, emedan Atle sade att de vållat hans sys-
ters död. Frid vardt dock sluten och till bekräftelse härpå
fordrade Atle att få Gudrun, deras syster, till maka.

Ingen visste hvarest hon fanns. Slutligen fick Grim-
hild spörja, att Gudrun vistades i Danmark. Hon
uppmanade sina söner att draga dit och bjuda systern
stora skatter i bot för dråpet på Sigurd, och detta sade de
sig vilja göra. Ett präktigt följe utrustades, och såväl
vapnen som hästarnes mundering strålade af guld. Grim-
hild följde själf med, och efter en lång färd, såväl till
lands som sjöss, kommo de till danska kungens borg.

De blefvo väl mottagna och funno Gudrun som dock
mottog brödernas skatter och vänskapsbetygelser med
stor misstro.

Då räckte Gunnar henne en bägare fylld med en
glömskedryck som Grimhild tillredt. I bägarens botten
voro mäktiga runor ristade, och drycken var lagad af
kraftigt verkande örter. Sedan Gudrun tömt bägaren,
glömde hon sitt hat till sina fränder och de förliktes,
Grimhild trädde då fram, sägande: "Hell dig, dotter.
Stora skatter hafva vi bringat dig i bot för man och barn.
Nu skall du äkta den rike kung Atle och råda för hans ri-
kedomar."

Gudrun svarade: "Aldrig skall Atle varda min make!
Ej skall jag öka hans ätt!"

93

Då sade Grimhild: "Glöm Sigurd, Sigmunds son. Om någon varit skapad att äga dig, är det för visso kung Atle. I passen godt samman."

Och så kraftigt verkade Grimhilds glömskedryck, att Gudrun svarade: "Mot min vilja nödgas jag taga kung Atle. Dock lärer liten fröjd komma af vår sammanvaro." Därpå bjödo de den danska kungen farväl. Grimhild, Gudrun och hela deras följe bröto upp och efter en lång färd kommo de till en ståtlig borg inne i en stor skog. Grimhild hade stämt Atle sig till mötes där, och hans och Gudruns bröllop vardt drucket med stor ståt.

Gudrun följde sedan Atle hem, men någon kärlek förmådde hon aldrig visa sin make.

En natt vaknade Atle och sade sig hafva haft underliga drömmar. Bland annat tyckte han att Gudrun rände ett svärd i honom.

Gudrun bad honom ej fästa sig vid slika drömmar, och ännu en tid förflöt i lugn.

Men så begynte Atle undra hvar Sigurds myckna guld, Fafners omätliga skatt, funnes. Detta visste dock endast Gunnar och Högne, Gudruns bröder.

Atle var en mäktig konung och härskare öfver ett stort rike; dock kunde han ej i rikedom mäta sig med Gunnar och Högne, hvilka sades äga mera skatter än någon tillförene ägt.

Atle lade råd med sina män om huru man bäst skulle komma åt skatten, och det beslöts att bröderna skulle lockas till Atles hof, där de skulle slås i bojor och tvingas att utlämna guldet.

Vinge, en af kungens hofmän, skulle, omgifven af ett stort följe och medförande präktiga skänker, fara för att inbjuda dem.

Gudrun hade dock kommit sin makes svek på spåret. Hon ristade varningsrunor på en kafvel och tog en guldring, om hvilken hon knöt ett varghår, och så bad hon Vinge lämna detta till hennes bröder.

Vinge läste dock runorna under vägen, skrapade ut dem och ristade dit andra, hvari bröderna uppmanades att skynda till Atles borg och få röna hans vänskap.

Vid framkomsten till Gjukungarnes borg blef Atles män väl mottagna och ett präktigt dryckesgille tillreddes, hvarvid vin dracks ur gyllene bägare.

Vinge framförde sitt ärende till bröderna och inbjöd dem att gästa kung Atle, samt frambar alla de gåfvor kungen sändt dem och tillade, att Atle ville lämna dem en stor del af riket att styra.

Gunnar sade då till sin broder: "Huru månne jag skall fatta detta? Atle sänder oss guld och skatter, dock bör han väl veta att vi äga Fafners skatt, och att ingen i världen kan mäta sig med oss som hafva hela kamrar fyllda med guld, kostbara smycken, brynjor, hjälmar och vapen af guld."

Högne svarade: "Svek månde ligga under detta. Det är ej rådligt vi fara att gästa honom. Hvad som synts mig underligt är, att en af de guldringar han sändt var omknuten med ett varghår. Det månde Gudrun hafva gjort för att varna oss."

Vinge framlämnade äfven runorna, hvilka han sade Gudrun själf ristat.

Dryckesgillet fortsattes till långt in på natten och genom Vinges förespeglingar om att Gunnar skulle få stor andel i Atles rike, lyckades han förmå Gunnar att lofva komma.

Gunnar omtalade sitt löfte för Högne som sade sig väl kunna följa honom, ehuru han vore föga böjd för färden.

Under tiden hade Högnes maka läst Gudruns runor och funnit att de första blifvit utskrapade och ersatta af andra. Hon varnade sin make och bad honom afstå från färden, emedan hon haft drömmar som bådade olycka.

Äfven Gunnars maka bad på det bevekligaste att bröderna skulle stanna hemma, ty äfven hon hade haft olycksbådande drömmar. Men fåfängt.

Tidigt om morgonen rustade de sig till uppbrott, trots alla varningar, och Gunnar sade: "Tag hit kannor fyllda med ädlaste vin, ty det tör hända vi dricka för sista gången, efter alla spå oss olycka. Kanske den gamle ulfven Atle fikar efter vårt guld; vunne han det, blefve han jordens rikaste kung."

Sedan afskedets bägare blifvit tömda, begaf man sig till de vid stranden väntande skeppen.

Ännu en gång varnades Gjukes söner mot Atles svek; men förgäfves. Seglen hissades, och Gunnar, Högne jämte en ringa flock af deras kämpar anträdde färden till Atles rike:

Då skeppen lade ut, ropade Högnes maka till Vinge, Atles sändebud: "Du har farit med svek, Vinge, och ditt budskap bringar oss sorg och olycka, därpå är jag viss."

Men Vinge svor en dyr ed och sade, att han ej for med svek.

När de landat i Atles rike, tågade hjältarne med sin lilla flock mot Atles borg. I närheten af denna kom hela Atles krigshär dem till mötes med väldigt gny, och alla borgmurarna voro besatta med folk samt portarne stängda. Bröderna och deras följe bröto upp portarna och stormade in på borggården.

Då utbrast Vinge skadeglad: "Vänten nu medan jag söker eder en galge. Väl bad jag eder med fagert tal att komma hit, men svek låg därunder och länge lärer det ej töfva innan I misten lifvet."

Högne svarade: "Föga lära vi frukta kung Atle och ej lärer det båta till mycket att du söker skrämma oss. Männers första plikt är att utan fruktan gå striden till mötes."

Därefter trängde de Vinge mot muren och höggo ihjäl honom med sina stridsyxor.

KUNG ATLES OCH GJUKUNGARNES STRID

Under tiden hade Atle ordnat sin här till strid. När han och bröderna möttes, ropade Atle: "Varen välkomna! Gifven mig nu det myckna guld som Sigurd ägde och som med rätta tillkommer min maka Gudrun!"

Gunnar svarade: "Aldrig får du den skatten. Men här skall du möta tappre kämpar som veta värna lifvet, när du far med ofrid."

Därpå drabbade skarorna samman och pilarne flögo tätt i luften. Gudrun som sport att hennes bröder kommit, trots hennes varningar, kom nu ut och hälsade dem, kysste dem och sade att mot sitt öde kunde ingen strida, det såg hon till fullo, när hennes råd ej blifvit följda. Striden blef allt häftigare. Gudrun visste ej huru hon skulle kunna bistå sina bröder, ty hon hade intet folk att råda öfver. Då iförde hon sig själf hjälm och brynja och stred så käckt mot kung Atles skaror, att styftare kämpe ej kunde uppletas. Få hade skådat skarpare strid än denna. Manfallet var stort å ömse sidor. Gunnar, Högne och Gudrun kämpade med raseri, och Atle eggade sitt folk till kamp. Gjukungarne gingo hårdt fram och slutligen måste Atle fly in i borgen.

Gjukungarne trängde in och striden rasade än vildare inne i salen. Blod flöt i strömmar och mången ädel hjälte fann sin död.

Slutligen hade hela brödernas följe fallit. Gunnar öfvermannades och slogs i bojor, men ännu försvarade sig Högne. Tjugo af Atles bästa kämpar föllo för hans svärd och lika många vräkte han in i elden. Alla förundrade sig öfver hans mod. Dock vardt han till slut öfvermannad. Då gick Atle till Gunnar och uppfordrade honom ännu en gång att utlämna skatten, men Gunnar svarade, att han svurit att icke till någon gifva Fafners guld, så länge hans broder Högne lefde.

Atle befallde då, att man skulle skära hjärtat ur bröstet på Högne och visa det för Gunnar, men en af Atles män rådde att i stället taga trälen Hjalles hjärta. Så skedde ock, men när man visade detta för Gunnar, sade han: "Detta är ej Högnes, den tappres, hjärta, det är trälens. Mycket skälfver det än, där det ligger, vida mera skalf det dock, medan det låg i den feges bröst."

De togo då Högnes hjärta och buro det fram för Gunnar som sade: "Detta är Högnes, den hugfulle hjältens, hjärta; föga skälfver det nu där det ligger, vida mindre skalf det dock, då det satt i den ädles bröst."

Då sade Atle: "Fallen är Högne, Gunnar, gif mig nu skatten!"

Gunnar svarade: "Nu råder jag ensam för Niflungarnes skatt. På flodens botten ligger den sänkt, men ingen utom jag vet hvar. Ej skall du äga den skatten: floden må behålla sitt byte."

Vredgad befallde då Atle att man skulle binda Gunnars händer och kasta honom i ormgropen.

Men Gudrun sände honom en harpa och på den spelade Gunnar med tårna så vackert att alla ormar lyssnade och ej rörde honom, utom en stor huggorm som stack honom rätt i hjärtat, så att han dog.

Gudrun hämnades sedan grymt på Atle, och Gjukungarne gingo ej ensamma till de dödas boningar.

Fafners glänsande guld hade sålunda åt alla som ägt det bragt olycka och död.

Niflungaskatten hvilar nu trygg i den djupa floden, ingen vet hvarest, och ej mer eggar den vinningslystna furstar till strid.

HAMLET (AMLEDE)

Tvenne bröder, Örvandel och Fenge, voro lydkonungar i Jylland under kung Rerek som höll hof i Leire. Örvandel utmärkte sig genom mod och tapperhet och företog många vikingafärder, under hvilka han besegrade flere konungar.

Slutligen hade han äfven så förvärfvat Rereks ynnest, att denne gaf honom sin dotter Geruda till maka. De hade en son som kallades Hamlet.

Fenge begynte afundas sin broder hans lycka och beslöt mörda honom. Sedan han väl dödat Örvandel, sade han till Geruda, att han endast gjort detta för att befria henne från hennes elake man, och så gifte sig Geruda med sin mans mördare.

För att undgå sin faders öde låtsade Hamlet vara galen. Han låg alltid hemma vid spiseln och gräfde i askan och aldrig ville han tvätta sig, ännu mindre vara väl klädd som det höfdes en kungason.

Där satt Hamlet dag efter dag och täljde träkrokar, hvilka han härdade i elden. När man sporde hvad dessa skulle vara till, svarade han: "Jag hvässar spjut, för att hämnas min faders död." Man skrattade och lät honom hållas. Alla krokarna förvarade han väl.

Åtskilliga af kungens vänner påstodo att Hamlet icke var tokig, utan endast förställde sig för att undgå förföljelse, och de varnade Fenge som slutligen beslöt pröfva honom.

Fenge lät föra Hamlet ut i en stor skog. Där skulle en fager tärna möta honom och söka aflocka honom hans hemligheter. Flere män sändes med för att speja.

När färden skulle anträdas, satte Hamlet sig bakfram på hästen och tog tag i svansen som fick vara tyglar. I ett skogssnår träffade de på en ulf.

Hamlet sporde hvad det var. Hans följeslagare svarade att det var en fåle.

"Fenge har dock ej många dylika i sitt stall", svarade Hamlet.

99

De redo långs efter hafsstranden och funno så en af-
bruten skeppsmast uppkastad på land. Då sade en af
männen: "Se hvilken stor knif vi här hitta."

"Ja, men det vill stora skinkor till för den knifven",
svarade Hamlet.

Därpå visade de honom en hop flygsand och bådo
honom noga betrakta det fina mjölet.

"Ja, det är mjöl, malet på stormarnas kvarn", sade
Hamlet.

Nu hade de kommit till skogen, hvarest tärnan skulle
möta dem, och liksom af en händelse kom hon mot
Hamlet, och följeslagarne lämnade dem allena. Bland
följeslagarne befann sig en barndomsvän till Hamlet.
Denne ville gärna varna prinsen, men visste ej huru.
Slutligen tog han fatt en broms och stack ett strå uti den,
hvarefter den fick flyga. När Hamlet fick se den genom-
stungna bromsen, förstod han genast att meningen vore
att söka rödja honom själf ur vägen. Han tog nu tärnan
och förde henne med sig ännu djupare in i skogen,
hvarest de länge samtalade med hvarandra, ty äfven hon
var en barndomsvän till honom.

När Hamlet sedan kom hem, skämtade alla med ho-
nom och sporde hvad han gjort åt tärnan. "Jo, jag har
låtit henne sitta på ett hästhufvud och en tuppkam", sva-
rade han. Hamlet hade nämligen tagit med sig en bit af
ett hästhufvud och en tuppkam, innan han for ut. När tär-
nan sedan tillspordes, sade hon nej till alltsammans. Hon
hade hvarken sett hästhufvud eller tuppkam.

Vännen som hade varnat honom, sade: "För inte
länge sedan var det någon god vän som såg på ditt
bästa."

"Ja", svarade Hamlet, "jag varsnade att det kom nå-
got flygande med ett strå i sig."

Alla skrattade åt hans löjliga svar, men vännen log
nöjd, ty han fann att Hamlet förstått varningen.

När nu ingen kunde blifva klok på Hamlet, beslöt
kungen att låta hans egen moder pröfva honom. Fenge
låtsades göra en längre resa och tog farväl af Geruda

100

som nu befann sig ensam med sonen i sitt rum. Under en halmknippa som låg i ett hörn af rummet, hade Fenge dolt en spejare. Men Hamlet anade försåt och spelade alltjämt galen. Han flaxade med armarna, alldeles som med ett par vingar och gol som en tupp och så sprang han upp på halmhögen och började hoppa upp och ned och stöta sitt svärd i halmen. Då sprang spejaren fram och blef genast dödad af Hamlet.

Därpå vände han sig till modern som brustit i gråt öfver hans förmenta vansinne. Men då upphörde han med sin förställning och förebrådde modern i vältaliga ord hennes brottslighet. Han sade det var uselt att älska sin förste makes baneman. Därpå sade han: "Jag väntar endast på lägligt tillfälle för att mörda min farbroder och hämnas min faders död."

Hamlets ord gjorde ett djupt intryck på Geruda och hon begynte ångra sig.

Kort därefter återvände Fenge hem, men förgäfves väntade han på spejaren som ingenstädes stod att finna. När Hamlet tillfrågades om han sett den försvunne, svarade han bara galenskaper som alla skrattade åt, men saken var den att Hamlet väl visste hvarest den döde fanns, ty han hade själf dolt honom.

Fenge vågade ej själf döda Hamlet, ty han fruktade för Rereks och Gerudas hämnd. Men han fann dock på råd att rödja honom ur vägen. Han skickade Hamlet tilllika med ett par tjänare till England med tvenne runtaflor, hvarpå han bad att kungen, hans vän, skulle låta döda Hamlet.

Innan Hamlet anträdde färden samtalade han med sin moder och bad henne att hon, jämt ett år efter hans bortresa, skulle låta behänga salen med sorgebonader och fira hans graföl. Själf hoppades han dock att vara åter till den dagen.

Under vägen undersökte Hamlet sina reskamraters gömmor medan de sofvo. Han fann de båda runtaflorna och läste kungens bud om att låta döda honom. Hamlet skrapade ut sitt eget namn och satte dit de båda tjänarnes i stället; han tillade dessutom att kungen af England skulle gifva prins Hamlet sin dotter till maka.

Vid framkomsten blefvo de väl mottagna; kungen läste brefvet men låtsade om intet.

Ett präktigt gästabud tillreddes för att fira gästerna. Men Hamlet försmådde både mat och dryck.

För att få veta orsaken, dolde kungen spejare inne i Hamlets sofrum för att lyssna. När Hamlet med sina tjänare kommit in i rummet, sade han till dessa som sport hvarför han ej ätit eller druckit: "Brödet smakar blod, ölet smakar järn och fläsket luktar lik." Dessutom sade han att kungen hade trälögon och att drottningen i tvenne ting uppförde sig som en trälkvinna.

Hans följeslagare skämtade med honom och hånade honom, emedan de togo alltsammans för galenskap. Men spejarne omtalade hvad de hört för kungen som äfven var böjd för att anse alltsammans för galenskap, men han sade dock: "Antingen är denne prins galen, eller också mäkta klok." Kungen lät därpå efterforska huru det förhöll sig med maten, och det utröntes då att säden verkligen vuxit på ett slagfält, att svinen en gång ätit en röfvares lik och att på bottnen af brunnen, ur hvilken vatten till ölet tagits, funnos många rostiga svärd.

Nu blef kungen ytterst nyfiken att få reda på hvarför Hamlet sagt att han hade trälögon och att drottningen skickat sig som en trälkvinna.

Hamlet svarade då, att han syftade på kungens härkomst, när han talat om trälögon. Och kungens moder måste verkligen erkänna, att Hamlet sagt sant, ty han vore ej någon kungason. Drottningen åter hade Hamlet tadlat, emedan hon dragit kappan öfver hufvudet och skörtat upp klädningen, när hon gick ute, hvilket ej var godt skick. Kungen fann Hamlet öfver måttan klok, gaf honom sin dotter till maka och lät, efter Fenges förmenta vilja, hänga de båda tjänarne.

Hamlet låtsade blifva mäkta ond öfver att hans följeslagare blifvit dödade, och kungen måste gifva honom mycket guld och dyrbarheter i bot. Guldet lät han smälta ned och fyllde därmed tvenne urhålkade trästockar. Efter ett års förlopp återvände han till Danmark, medförande sina tvenne stockar. När han kom i land, rullade han sig i smutsen och tygade till sig på värsta sätt och så steg han in i salen, hvarest de just höllo på att dricka hans graföl. Sedan första förskräckelsen öfver hans plötsliga framträdande lagt sig, brusto alla ut i skratt åt hans utseende. Man sporde honom efter hans reskamrater. Då framsläpade Hamlet de två stockarne och sade: "Här äro de."

Alla ansågo honom vara lika vansinnig som förut och ingen frågade vidare efter honom, utan dryckesgillet fortgick, och Hamlet hjälpte till att skänka i. Då han hindrades af sina kläder, fäste han upp dem i svärdsbältet, men litet emellan drog han ut sitt svärd och pröfvade eggen. Då slogo Fenges män en spik genom slidan, så att han ej vidare kunde draga ut svärdet.

När nu alla männen blifvit rusiga somnade de, den ene öfver den andre. Då gick Hamlet ut efter sina väl förvarade träkrokar, ref ned alla väggbonaderna som prydde salen, lade dem öfver de sofvande och fäste så till bonaderna med träkrokarne, så att ej en enda af männen kunde undkomma. Därefter satte han eld på huset, rusade till Fenges sofrum, tog dennes svärd och hängde upp sitt eget i stället öfver sängen, väckte så kungen och sade: "Alla dina män äro innebrända och nu är Hamlet kommen för att hämnas sin faders död."

Fenge kunde ej värja sig, emedan han ej kunde få loss svärdet, och föll så genomborrad af sitt eget svärd.

Därefter hölls ting, och folket korade Hamlet till konung.

Hamlet lät sedan förfärdiga en sköld, på hvilken alla hans bedrifter och lefnadsöden voro inristade. Där syntes han som ung sitta vid härden och hvässa krokarne för att hämnas sin faders död och där syntes ulfven, skeppsmasten, sandhögarne, skogen, tärnan, bromsen och till sist Fenges fall. Han blef en beryktad konung som under många år styrde Danmark, men stupade slutligen i en tvist med Leirekonungen som var förbittrad öfver att Hamlet antagit konunganamn.

ORVAR ODD

ORVAR ODDS BARNDOM

Orvar Odds fader hette Grim. Han bodde på ön Rafnista, och hans gård hade samma namn. Denne Grim var en rik och mäktig man samt härskare öfver hela Hålogaland och flere andra länder. Han var gift med en dotter till Harald Herse i Viken. Hennes namn var Loptöna. När Harald Herse dog, reste Grim med sin hustru dit för att taga arf efter honom, ty Loptöna var enda barnet och hon ärfde stora ägodelar, både löst och fast. Under vägen togo de in i byn Berurjoder hos en rik bonde vid namn Ingjald. Där födde Loptöna en son som vattenöstes och erhöll namnet Odd. Barnet kvarlämnades hos bonden för att uppfostras tillsammans med dennes egen son, den lille Asmund.

Odd växte upp till en stor, skön ungersven, hvars like knappt fanns i hela Norge, och blef väl förfaren i alla sin tids höfviska idrotter. Äfven hans fosterbroder Asmund var djärf och tapper, men kunde ej mäta sig med Odd. Han och Odd slöto det trognaste vänskapsförbund, och aldrig deltog Odd i några lekar, om de ej delades af Asmund. Barnlekar föraktade de. Vanligen öfvade de sig i simning, fäktning och ridning. Men äfven i fredliga värf vunno de kunskaper, ty Ingjald var en vidt berest man och gaf dem många råd samt lärde dem tala flere främmande tungomål. Det syntes nästan som Ingjald mera hyllade Odd än sin egen son.

Kring Odd samlades en hel skara ungersvenner, ifriga att öfva sig i djärfva lekar. Alla beundrade honom, men ingen var honom så hängifven som Asmund.

Aldrig ville Odd offra till gudarne. Han fann det under sin värdighet att böja sig "för trä och sten".

"Jag vill blott lita på min egen kraft och styrka", plägade han säga, och Asmund följde hans föredöme, ehuru fadern var en ifrig blotman.

Odd lät göra sig flere vapen, alla mycket större än brukligt var, och själf täljde han sina pilar, hvaraf han hade stora förråd.

Ingjald hade en gång slaktat en stor bock och låtit taga af skinnet med horn och hufvud. Odd bad att få det, och när han väl fått skinnet, knöt han ihop det till en säck och lade alla sina pilar däruti. Sedan plägade han ständigt bära säcken med sig.

Odd gick städse präktigt klädd. Hans dagliga dräkt bestod af en scharlakansröd skjorta, ett guldbälte kring lifvet och vackra strumpor och skor. Om pannan bar han ett guldband som tillbakahöll hans långa ljusa lockar, och på ryggen sitt pilkoger samt bågen i hand. Bågen var det enda vapen han någonsin plägade bära.

Han var vänlig och god mot alla och därför mycket afhållen.

När Odd var tolf vintrar gammal, var han så stor och stark, att man ansåg honom vuxen hvilka stordåd han än månde få i sinnet.

VALANS SPÅDOM

En spåkvinna eller vala som kallades Heid, drog vid denna tid omkring i landet. Hon och hennes följe som bestod af femton svenner och femton tärnor, drogo från gård till gård, och öfver allt mottogos de med stor ära.

En gång befann hon sig i närheten af Berurjoder, och Ingjald ville inbjuda henne till gille. Tidigt en morgon tillsade han därför Odd och Asmund att de skulle gå till Heid och bedja henne till gästabud.

Odd svarade: "Dylikt ärende vill jag ej uträtta åt dig, men hvart du eljest vill sända mig går jag med glädje."

"Då skall du, Asmund, gå ensam, ty dig råder jag väl ännu öfver", sade Ingjald. Asmund gick för att framföra inbjudningen. Heid upptog det väl, sägande att hon skulle komma, och fram mot aftonen anlände hon äfven med hela sitt följe. Ingjald gick henne till mötes och ledsagade henne in i salen, hvarest ett präktigt gille var tillredt. Men Odd deltog ej ens i det, ty han sade sig ej vilja se spåkvinnan.

Om natten skulle det blifva stor sejd, och sedan alla gått till hvila, begynte Heid och hennes följe att anordna den. Sedan Ingjald om morgonen talat vid henne och hört att hon under natten fått veta allas öden, tillsade han allt sitt folk att intaga sina platser och så i tur och ordning gå fram för att få veta sitt öde.

Först gick Ingjald själf; honom lofvades stor ära, hög ålder och god årsväxt. Därefter kom Asmund; till honom sade valan: "Du skall fara vida omkring i världen. Ej skall din lefnad blifva lång, men mycken ära skall du skörda och af alla skall du anses för en tapper man." Asmund gick därpå åter till sin plats. Sedan de varit framme, sporde Heid, om alla nu fått sina öden förutsagda.

"Ja, så vidt jag vet", svarade Ingjald.

Men då fick hon se något som rörde sig bakom en stor djurhud och sade: "Hvad månde det vara som rör sig där längst bort i salen under djurhuden?"

Odd som legat gömd där, kastade då af sig djurhuden och sade vredgad: "Det är en människa och därtill en som fordrar att du ögonblickligen tiger med dina dumma spådomar, annars skall jag veta tysta munnen på dig med denna käpp."

"Föga aktar jag dina hotelser", sade Heid, "och ej skall ditt öde längre vara någon hemlighet." Därpå kvad hon:

"Far du än så vida
öfver breda fjärdar
eller öfver smala sund,
skall du dock
på Berurjoder brännas.
En orm skall dig hugga
hål på foten,
glidande från Faxes
gamla hufvud."

107

"Jag skall säga dig, Odd, hvad som torde vara godt att veta. Du skall blifva hundrade vintrar gammal och draga vida omkring i världen. Städse skall du äras som den tappraste hjälte, men hur långt du än reser, skall dock ditt lif ändas här på Berurjoder. Det står här ute på stallet en häst som heter Faxe, han skall varda din bane."

"Du eländiga käring, tälj ännu en gång din saga", utbrast Odd och slog henne rätt i ansiktet med käppen, så att blodet strömmade fram.

Vredgad öfver denna skymf ville spåkvinnan draga bort. Ingjald gjorde allt för att blidka henne, men förgäfves, och så lämnade hon gården, sedan Ingjald först gifvit henne rika skänker.

Under tiden följdes Odd och Asmund åt till stallet, hvarest de togo Faxe och ledde bort honom till en liten afsides liggande dal. Där dödade de honom, gräfde en mycket djup grop och lade honom däri. Sedan fyllde de gropen med ris och stenar och uppkastade en stor hög öfver den.

Därpå sade Odd: "Nu må trollen hafva del i det, om Faxes hufvud skall varda min bane."

En tid efter sade Odd till sin fosterfader: "Jag önskar ett skepp för att draga i härnad."

"Hvad lyster dig nu pröfva på?" sporde Ingjald.

"Mig lyster draga bort från Berurjoder", svarade Odd. "Hvem skall följa dig?" frågade Ingjald vidare.

"Asmund och jag skola följas åt", svarade Odd.

"Då önskar jag I ej viljen blifva länge borta", sade Ingjald.

"Vi skola aldrig återvända", svarade Odd.

"Då gör du hvad som mest af allt är mig emot", sade Ingjald.

"Du är själf skuld därtill genom ditt dumma tilltag att inbjuda spåkvinnan hit", svarade Odd.

Ingjald som insåg att det ej lönade sig att tala vid Odd, lofvade honom därpå skepp och sade, att det vore bäst de redde sig till afresa.

ODDS VIKINGAFÄRD TILL BJARMALAND[6]

Af Ingjald fingo de ett stort, väl utrustadt skepp med tolf åror på hvardera sidan. När allt var redo, bjödo de Ingjald farväl, stego så ombord och satte ut från land. Asmund sporde, hvarthän de skulle styra färden. Odd svarade, att han ville besöka sin fader hemma på Rafnista och så samtala med sina fränder för att höra hvad de tänkte utföra för stordåd under sommaren. Sedan de väl kommit utom öarna som lågo kring kusten, sade Odd: "Nu vill jag pröfva på om min släkts sjölycka följer äfven mig. Min fader Grim får medvind så fort han hissar segel." Därpå hissade Odd segel. De fingo den bästa vind och landade inom kort vid Rafnista och gingo upp till gården. Odd hade sin båge i hand och sitt pilkoger på ryggen. Asmund hade äfven sina vapen med sig. När Grim fick se dem, gick han jämte allt husfolket dem till mötes, och Odd mottogs på bästa sätt i fädernehemmet af Grim som bad honom att ej snart lämna Rafnista.

Men Odd sade sig hafva sport att hans yngre broder Gudmund och deras syskonbarn Sigurd ämnade draga till Bjarmaland, "och nu vill jag fråga dem, om de vilja taga Asmund och mig med".

Grim var visserligen ej så alldeles nöjd med att Odd genast ville draga bort, men följde det oaktadt med honom ned till motsatta sidan af ön, hvarest de redan segelfärdiga skeppen lågo. Fränderna blefvo mycket glada öfver mötet, men när Odd frågade om han fick följa med, svarade både Gudmund och Sigurd att de nu hade sina skepp segelfärdiga och ingalunda ville uppskjuta sin affärd, men till sommaren kunde man ju tänka på det.

Odd svarade: "Till sommaren ämnar jag blifva min egen herre och ämnar ej vidare bedja eder om lof att följa med."

---

[6] Det nordligaste Ryssland, på den tiden bebott av finsk-ugriska stammar

109

Därpå återvände Odd med sin fader hem, och så väl Grim som Loptöna sökte på allt sätt ära Odd under dennes vistelse i hemmet.

Under tiden lågo Gudmund och Sigurd med sina skepp i viken, bidande på vind. I två månader hade de förgäfves väntat därpå. En natt jämrade sig Gudmund högt i sömnen och mot morgonen ville hans män väcka honom, men Sigurd som såg att han drömde, sade: "Låt honom drömma sin dröm till slut, så förtäljer han oss den."

När Gudmund slutligen vaknade, sade Sigurd: "Hvad drömde du, frände, efter du jämrade dig så högt?"

"Jag drömde", sade Gudmund, "att vi lågo här vid ön med tvenne skepp och att en stor hvit björn låg i ring rundt kring hela ön Rafnista och just midt på våra skepp möttes hufvud och svans. Det var ett så fasaväckande djur, att jag aldrig sett dess make. Alla håren stodo rätt upp som borst och det tycktes mig att besten ville springa upp för att sänka våra skepp i djupet."

"Det är tydligt", sade Sigurd, "att den hvita björnen är vår frände Odds fylgia och att hon nu vredgas på oss. Jag tror ej vi få medvind förrän vi bedja Odd följa med. Vi skola i all vänlighet uppsöka honom och bedja honom därom."

"Men om han det oaktadt ej följer med", sade Gudmund.

"Då må vi hellre bjuda honom vårt ena skepp och se om han ej då blidkas", svarade Sigurd. Därpå följdes de åt till Odd och framförde sitt ärende.

Men Odd svarade, att han alls ingen lust hade att följa med.

"Förr än du skall blifva hemma, gifva vi dig vårt ena skepp", sade de.

Då lofvade Odd att följa dem och var strax färdig till afresan.

Grim följde med till skeppen, och i afskedsgåfva erhöll Odd af sin fader trenne pilar. Dessa som kallades Guses nöt, emedan de röfvats från finnkonungen Guse, voro mycket präktiga och omlindade med guld. Så snart de voro afskjutna, träffade de alltid målet och flögo så åter tillbaka på bågsträngen.

Odd tackade sin fader på det varmaste och sade sig aldrig förr hafva fått så kärkommen gåfva. Sedan togo de farväl, och Grim återvände hem, men Odd steg ombord, tillsade att skeppen skulle lägga ut från land, och därpå hissades seglen. Med bästa vind styrdes färden ut till hafs, mot norr till Finnmarken, hvarest de om natten lade sig för ankar. Vid stranden funnos många finnstugor, och den följande dagen gingo Gudmund och Sigurd med sina män i land för att plundra.

Finnarne själfva voro borta, endast kvinnorna voro hemma. De skreko och jämrade sig högt, då deras dyrbarheter bortröfvades. Äfven på Odds skepp talade männen om att gå i land, men Odd förbjöd dem det.

Om aftonen sporde Odd, om Gudmund fått mycket byte.

"Ja", svarade Gudmund, "och det var mig en sann fröjd att röfva finnkvinnornas guld. Skall du ej följa med oss i morgon?"

"Ingalunda", svarade Odd, "ty mig tyckes ringa heder vara att röfva guld från värnlösa kvinnor. De skola nog med sina trollkonster veta löna er. Jag seglar härifrån i morgon bittida till Bjarmaland antingen ni följa med eller ej."

Gudmund och Sigurd funno för godt att följa med Odd, och utan vidare äfventyr framkommo de till Bjarmaland och styrde upp i floden Vina. Så snart bjarmerna sporde, att främlingar kommit till deras land, samlades de i stora skaror kring stränderna, och man kom öfverens om att hålla fred under en månads tid, för att idka handel med hvarandra.

Från det inre af landet kommo män med stora packor af gråverk och andra skinnvaror som männen på skeppen tillbytte sig, och alla erhöllo full betalning för sina varor.

Men när den aftalade fredstiden var tilländagången, lade Odd sig för ankar midt i strömmen.

111

När det begynte mörkna, sade Odd till sina män:
"Hvad beslut skola vi nu fatta?"

Alla bådo honom själf bestämma. "Då skola Asmund
och jag ro i land för att speja", svarade Odd.

Därefter rodde de i land och följdes åt upp i skogen,
hvarest de funno en stor byggnad. Salen var rikt upplyst
och en mängd människor församlade till gille.
Odd frågade Asmund, om denne förstod hvad folket
sade. "Inte mer än fåglalåt", svarade Asmund, "men för-
står du något?"

"Nej, men kan du se, att där inne i salen går en man
och skänker i åt gästerna, han är ej lik de öfriga. Det
anar mig, att han förstår vårt tungomål. Nu skall du dröja
kvar här medan jag går in och ställer mig längst in i hör-
net, där det är mörkast. När så mannen kommer ned till
skänkbordet för att fylla hornen, skall du få se hvad jag
ämnar göra."

Odd gick därpå in och ställde sig i skuggan af ett
stort mjödkar. När skänksvennen kom ned, greps han
plötsligt af Odd som rusade ut med honom. Mannen
skrek af alla krafter att trollen tagit honom, och bjar-
merna rusade upp med dragna svärd. Odd och Asmund
lyckades komma till skeppet med sin fånge och lade
genast ut från land. Därpå frågade Odd mannen hvad
denne hette, men han bara teg.

"Ja", sade då Odd, "här har du två villkor, antingen
säger du oss ditt namn och lämnar oss svar på våra frå-
gor, ty jag vet du förstår vårt språk, eller ock slå vi dig i
bojor. Välj nu själf."

"Hvad vill du jag skall säga dig?" sade fången.

"Jag vill veta hvarest vi skola finna rikaste bytet",
svarade Odd.

"Det finnes en stor jordhög här på stranden som be-
står af mull och reda silfverpenningar, ty så snart någon
födes eller dör här i landet bäres det dit ut vissa händer
mull och vissa händer silfvermynt. Denna hög är bjar-
mernas största skatt, och om den ofredas, anse de det
som en stor olycka", sade den fångne.

"Då", sade Odd, "får du Gudmund gå i land med dina män och taga så mycket I kunnen, jag skall under tiden vakta skeppen och fången."

Gudmund och männen återkommo rikt lastade med silfver. Odd var mycket nöjd och beslöt att själf gå i land med sitt folk. Han tillsade därför Gudmund att noga bevaka svennen, "ty han vill helt visst gärna fly och tyckes mig vara god vän till bjarmerna", sade han.

Knappt hade dock Odd med sina män hunnit i land, innan Gudmund begynte räkna sitt byte, och under tiden hoppade svennen öfver bord. Gudmund kastade väl sitt spjut efter honom, men utan att träffa. Svennen uppnådde oskadd stranden och flydde genast in i skogen.

När Odd med sitt folk kommit fram till mullhögen, började de taga för sig stora hopar, men Odd tillsade, att ingen fick taga mer än han med lätthet kunde bära.

Plötsligt sade Odd: "Sen I ingenting märkligt?" Alla svarade nej.

"Men jag", sade Odd, "ser en hel skara folk draga mot oss och det anar mig att skänksvennen flytt och nu underrättat bjarmerna om vårt förehafvande."

Kort därpå trädde äfven svennen fram till Odd, sägande: "Jag skall underrätta eder om att bjarmerna vilja hålla ännu en "köpestämma" med eder, men denna gång gäller det vapen och nu mån I värja lif och gods."

"Det skola vi nog veta göra", svarade Odd. Därpå sade han till sina män: "Ställen nu upp eder tvärt öfver näset och kasten allt godset bakom eder, så att I värjen det och så fort någon af de våra fallit, så kasten honom i sjön, ty få bjarmerna någon af våra döde i sitt våld, skola de nog veta sätta i verket någon ond trolldom mot oss."

Nu stormade bjarmernas skaror fram, men Odd hade huggit sig en stor klubba i skogen och med denna slog han så väldigt åt alla håll, att allt måste vika. Äfven hans män försvarade sig med hjältemod, och hur manstarka bjarmerna än voro, måste de dock vika, sedan mången tapper kämpe fallit i deras led. Skarorna togo till flykten,

113

förföljda af Odd och dennes män, hvilka utan förskoning nedslogo så många som kommo i deras väg.

Därpå återvände de till sitt byte, men Odd bad dem låta silfret vara och i stället taga vapen och andra dyrbarheter af större värde. De gjorde det och begåfvo sig sedan ned till stranden för att gå ombord, men då de kommo dit, funnos inga skepp. Rådvill sporde Asmund, hvad Odd ansåg de nu borde göra.

"Ja", sade Odd, "antingen hafva de dolt skeppen af fruktan för fiendens öfverlägsna antal, eller ock äro vi alldeles bedragna af Gudmund och Sigurd. Jag skall se till hur det förhåller sig; och så klättrade Odd upp i en hög tall, hvarest han satte eld på toppen. Så snart skeppsfolket varsnade elden, styrde de genast fram ur sitt gömställe, och Odd med allt sitt folk och byte kom ombord, hvarpå återfärden genast anträddes.

ODDS ÄFVENTYR I FINNMARKEN OCH HANS STRIDER MED JÄTTARNE

Odd och hans kämpar lade till i Finnmarken på samma ställe som på bortresan. När de lagt sig om kvällen, väcktes de plötsligt af en stark knall. Förundrade och yrvakna sporde de hvarandra hvad detta kunde betyda. Då hördes en ännu starkare och så en tredje som vida öfvergick de andra och som gaf genljud rundt omkring.

"Hvad tror du, frände Odd, att detta skall betyda?" sporde Gudmund.

"Jag har hört", svarade Odd, "att när tvenne vindar mötas uppe i rymden, så blir det väldigt gny, och nu må vi för visso bereda oss på oväder och svår storm. Finnarne hafva nog uppväckt svårt väder mot oss, af hämnd mot er som plundrade dem."

De ordnade nu sina skepp på bästa sätt för att kunna motstå stormen, lyfte ankar och styrde till hafs. Men knappt voro de från land, innan ovädret bröt löst. I tjugu dygn drefvo de omkring på hafvet, hvarunder alle man

114

hade fullt upp att göra för att hålla skeppen fria från vatten, så att de ej skulle sjunka.

Slutligen ropade Odd till Gudmund: "Kasta öfver bord allt gods I röfvat från finnkvinnorna, så kanske stormen lugnar sig."

"Hvad skall det tjäna till?" frågade Gudmund.

"Låt dem själfva sörja för sitt", svarade Odd. Därpå kastades bytet som tagits från finnarna i sjön och alltsammans flöt omkring skeppen, tills det hunnit samla sig i en flock, då det med svindlande fart flög mot land, rätt mot vinden. Därefter lade sig stormen. Men då voro alla männen så utmattade, att de knappt förmådde röra sig. Dimman som hela tiden omgifvit dem, skingrades och inom kort sågo de land, men hade ej en aning om hvarest de befunno sig.

Odd sade: "Det må vara hvilket land som helst, så måste vi dock söka komma dit för att låta vårt folk hvila ut. Efter mitt förmenande äro vi komna långt åt norden till jätteland."

De lade sina skepp vid stranden, hvarest de funno en ypperlig hamn och stego i land för att tälta. Sedan föreslog Odd, att de skulle ro omkring för att undersöka landet. Ingenstädes funno de några bostäder, men fullt upp af präktiga betesmarker samt öfverflöd på vildt och fåglar och kring kusterna summo hvalar och sälar. Odd lät det oaktadt hålla vakt, så väl natt som dag, och en afdelning, med Odd i spetsen, ströfvade omkring i skogen för att jaga. En dag sköt han en väldig björn. Odd lät taga skinnet af honom och lät äfven hufvudet medfölja. Därpå spjälkade han ut skinnet, så att han, när han stod bakom det, kunde skjuta rätt ut igenom björnens uppspärrade gap, hvari han lagt en stenflisa, på hvilken eld kunde upptändas. Skinnet uppsattes sedan på en brant klippa med hufvudet vändt inåt land. De dröjde länge på ön, och under tiden sågo de folk, ehuru i ringa antal. Af deras storlek kunde Odd lätt fatta, att de voro resar.

Sent en afton funno de att jättarne i stort antal samlades ute på ett näs. Odd sade sig vara ytterst ifrig att se hvad dessa jättar ämnade företaga och föreslog att Asmund och han skulle taga en båt och ro dit så tyst de kunde för att speja. De gjorde så och väl framkomna lyfte de upp årorna för att lyssna. De hörde då en af jättarna säga: "I veten att det kommit några små skäggebarn till ön som jaga och döda våra djur. Jag kan ej själf döda dem, ty min strid med broder Bjolve upptar tiden för mig, men den som vill draga bort och döda dem, erhåller i belöning af mig denna guldring."

Då steg en gammal jättekvinna upp och sade: "Väl, konung Bode, skola vi utföra ditt påbud, allra helst du bjuder en så hederlig belöning. Jag skall själf döda krypen."

"Det passar bra, moder Gnejp", sade konungen.

"Men sen I icke att där äro två af dem i en båt strax nedanom berget, de hafva säkert lyssnat på vår rådpläg-ning. Nu skall jag skicka dem en hälsning."

I det samma kom en stor sten hvinande, men Odd gjorde en snabb vändning med båten, så att stenen ej träffade. Strax efter kom en annan och så en tredje som var stor som ett klippblock, och vattnet yrde högt upp kring båten. Nu rodde de genast hem för att omtala jättarnes beslut, men knappt hemkomna sågo de Gnejp komma springande utför berget rätt mot deras lägerplats. Hon var stor och hög till växten och så grym att skåda, att de aldrig tyckt sig se farligare väsen. Hon var klädd i skinnkjol och hade en stor järnstaf i handen.

Odd gick genast upp på berget, hvarest björnen stod, tände eld i munnen på honom och afsköt en pil genom det öppna gapet. När Gnejp hörde pilen hvina, höll hon upp handen till skydd och pilen studsade tillbaka som om den träffat sten. Därpå sade hon: "Nog höfves det något skarpare och bättre."

Odd tog då en af Gusespilarne, lade den på bågen och sköt af. Äfven denna gång höll jättekvinnan handen för till skydd, men nu gick pilen rätt igenom handen in genom ena ögat och igenom hufvudet. Därpå flög den åter tillbaka till Odds båge.

116

"Det var märkvärdigt", sade Gnejp, "men framåt skall jag ändå."

Men då susade åter Gusespilen och flög igenom det andra ögat, och nu var Gnejp blind. "Det hade varit bättre att vända förr", sade Gnejp och begaf sig åter hem det fortaste hon kunde. Men Odd och hans folk tyckte, att hon endast fått en välförtjänt lön för sina onda planer mot dem. Sedan sade Odd till Asmund: "Nu borde vi följa efter och se hvar Gnejp är hemman". De rodde alltså efter och funno, att hon tog vägen uppåt fjällen. De gingo i land och följde efter, Odd beväpnad med sin båge och pilkogret på ryggen. Uppe på fjället funno de en rymlig håla, hvilken upplystes af en stor stockeld som flammade midt på golfvet. Rundt kring elden sutto jättekvinnor i en ring och i ett högsäte en väldig svarthårig jätte, just ej så särdeles vacker. Aldrig tyckte sig Odd och Asmund hafva sett större menvätte.

Jätten sade: "Hvar är vår tjänare som ej bringar oss mat i dag?"

"Här är jag", svarade tjänaren i det samma. "Mat bringar jag dig ej men väl dåliga nyheter. Din dotter har kommit åter, men Odd har skjutit ut båda ögonen på henne, och hon har hvarken dödat Odd eller någon af de andra."

"Det kunde jag väl tro, att hon åtog sig för mycket, när hon lofvade döda Odd. Det står hvarken i hennes eller någon annans makt, ty ödet har åt denne Odd beskärt en vida högre ålder än åt vanliga dödliga. Men jag vet äfven, att finnarne sändt dem hit, på det vi skulle döda dem. Nu vill jag gifva dem lika god vind att segla härifrån som finnarne gåfvo dem att segla hit. Och Odd som skjutit min dotter med sina förtrollade pilar, skall få namn af mig för evärdeliga tider och jag kallar honom Orvar Odd."

Odd som hört detta tal, sade: "Gif du oss bara god vind, din eländige menvätte, så frågar jag föga efter

117

namnet. En afskedshälsning vill jag dock gifva eder". Han afsköt en af sina Gusespilar mot jätten som sökte skydda sig, men pilen for igenom hans ena öga och så rätt igenom hans hustru som satt bakom, samt kom så åter till Odd.

Nu uppstod en häftig träta mellan alla jättarna och den slutade med ett väldigt slagsmål.

Under tiden återvände Odd och Asmund till skeppen, hvarest man redan börjat oroa sig öfver deras långa dröjsmål. Gudmund sporde, huru färden aflupit, och Odd svarade: "Jag har erhållit namn och i namngåfva lofvades oss god vind, men föga mildare skulle den bli, än den som förde oss hit. Låtom oss nu hissa seglen och styra ut från land".

De följde Odds uppmaning och sökte komma åstad så obemärkt som möjligt. Men knappt voro de utkomna till hafs, innan en rasande storm uppstod, åtföljd af isande köld och snöyra, och så kallt var det att störtsjöarne som slogo öfver skeppen, genast fröso till is. Under otroliga faror och ansträngningar lyckades de likväl hålla skeppen uppe, ehuru de fått drifva omkring tjugu nätter och tjugu dagar och under hela tiden oupphörligt måst ösa vatten. Slutligen uppnåddes Finnmarken, hvarest de stego i land och hvilade ut, innan färden styrdes hem till Rafnista, dit de anlände utan vidare äfventyr.

Grim blef mycket glad åt att hafva sönerna hemma igen och tyckte dem ha återkommit från själfva Hels rike, så äfventyrlig hade deras resa synts honom. Allt sitt byte gåfvo de Grim som bjöd Odd att med hela sin kämpaskara dröja vintern öfver på Rafnista, hvarest tiden tillbragtes med krigiska lekar och muntra dryckesgillen.

Mot slutet af vintern sporde Odd sina fränder hvad de hade i sinnet att företaga under sommaren.

"Det må du råda för, Odd!" svarade de.

"Jag föreslår då att vi begifva oss ut på vikingatåg", sade Odd. Därpå gick han till sin fader och omtalade hvad de ämnade göra under sommaren samt sade: "Nu, fader, må du gifva mig trenne väl utrustade skepp."

"De skola strax vara redo", svarade Grim.

Tillredelserna börjades genast. De tappraste män i hela landet utvaldes och alla höllo det för stor ära att få den tappre, vidt beryktade Orvar Odd till anförare. Odd hade nämligen skördat stor ära för sin farliga färd till Bjarmaland.

När allt var redo, sade Odd till sin fader: "Nu vill jag äfven du skall nämna oss någon tapper viking, en värdig motståndare."

Grim svarade: "Det finnes en viking vid namn Halfdan; han ligger för det mesta ute vid Elfarskär och har trettio skepp och själf är han en mäkta tapper sjökonung."

Odd svarade: "Tack, fader, jag ser nu, att du håller dina söner för tappre män, när du råder dem att med tre skepp möta trettio och därtill en så vidtberömd sjökonung som den tappre Halfdan."

Därefter togo de farväl af Grim och begynte sin vikingafärd. Utan några äfventyr uppnådde de Elfarskär, hvarest de lade sig i hamn. Däromkring funnos många öar. Sedan de tältat ombord och allt var ordnadt, rodde Odd, åtföljd af endast några få män, ut på spejarfärd. Snart sågo de hvarest Halfdan låg med sin flotta. Omgifvet af alla de andra skeppen låg ett präktigt drakskepp, glänsande af förgyllning och med ett väldigt drakhufvud krökande sig i fören långt ut öfver vattnet.

Odd ropade högt, och sporde hvem som rådde öfver skeppen. En man syntes då i tältöppningen på drakskeppet och svarade: "Han heter Halfdan. Men hvem är det som spörjer?"

"Jag heter Odd", svarade Odd.

"Är det den Odd som drog till Bjarmaland förra sommaren?" sporde mannen.

"Ja, just densamme", svarade Odd.

"Hvad är ditt ärende?" sporde Halfdan.

"Mina fränder tycka ej om, att du plundrar deras kuster", svarade Odd. "Nu aktar jag pröfva en dust med dig och väntar att en af oss två ej skall kunna förtälja om stridens utgång."

"Hur många skepp hafven I?" sporde Halfdan. "Vi hafva trenne skepp", svarade Odd, "och på hvarje skepp hundrade man."

"För visso måste du vara en dåraktig och inbilsk man", svarade Halfdan, "och jag tänker vi kunna sofva i godan ro för dig."

Därpå gick Halfdan in i tältet, men Odd vände åter till skeppen och omtalade sitt samtal med Halfdan.

"Nu skola vi flytta allt vårt gods i land", sade Odd, "och så skola vi bära stenar ombord i stället. Därefter hugga vi oss fyra träd, hvilka vi taga med oss till stegar; så ro Gudmund och Sigurd med sina män bort och lägga sig vid ena sidan om draken; Asmund och jag med våra män till den andra, men vi måste färdas så varsamt som möjligt."

Så snart de hunnit fram till draken, restes träden och allt folket klättrade ombord. Under höga härskrin ilade männen fram, vräkte omkull tälten och nedhöggo alla som voro ombord, så att draken snart var röjd ända från fören till längst bort i aktern. Halfdan själf ropade till de öfriga skeppen att de skulle ila till hjälp så hastigt som möjligt. Därpå rusade han fram i fören mot Odd med lyft svärd. Han högg svärdet i Odds hjälm med sådan kraft att det brast, men hjälmen höll.

Odd gaf sedan Halfdan banehugget. Därpå erbjöd han alla dennes kämpar att välja mellan att taga honom till höfding eller fortsätta striden. Alla ville gärna tjäna Odd. Han utvalde då de tappraste bland kämparne jämte Halfdans drake och ett annat skepp samt allt bytet för egen räkning; de öfriga skeppen fingo vikingarna behålla.

Draken blef hans eget höfdingaskepp och erhöll namnet "Halfdans nöt".

120

Hela den sommaren kryssade de omkring Norges kuster. Om hösten återvände de till Rafnista, rikt lastade med byte och mycket prisade för sina bragder. Grim mottog dem väl, och hela vintern dröjde Odd med sina män hemma hos fadern. På vårarne drogo de åter ut på vikingafärder, och städse uppsöktes de tappraste och ryktbaraste vikingar; mot höstarne återvände de hem igen till Grim och om vintrarne satt Odd hemma hos sin fader.

ORVAR ODD OCH HJALMAR DEN HUGSTORE

En vår sporde Odd sin fader, hvarest den tappraste vikingen vore till finnandes.

Grim svarade: "Jag känner nu edert modiga sinnelag och vill visa eder tvenne vikingar, de yppersta jag känner. Den ene nämnes Hjalmar den hugstore, den andre Tord Stafnglam; de äro fosterbröder."

"Hvarest finnas de och hur många skepp råda de öfver?" frågade Odd.

"De hafva femton skepp och på hvarje skepp hundrade man. Sverige är deras hemland. Hjalmar är kung Anes landtvärnsman och de vistas i Uppsala under vintrarne, men hvarje sommar draga de i härnad", svarade Grim.

Kort därefter tog Odd farväl af sin fader och begaf sig ut på härfärd. Kosan styrdes till Sverige, hvars kuster följdes. Utan några äfventyr landade de vid ett näs och tältade på skeppen. På andra sidan näset sågo de en vikingaflotta och antogo att det var Hjalmars. Tälten voro uppslagna på strand och Odd som begifvit sig i land för att speja, kunde se huru männen höllo på med krigiska lekar där utanför.

Odd återvände till skeppen och sade att han säkerligen funnit Hjalmar, och de rådplägade om hvad som nu skulle företagas. Odd sade: "Låtom oss dela våra män i tvenne hopar. Den ena går fram mot Hjalmars män, under höga härskrin, med den andra vill jag gå in i skogen och så därifrån uppge härrop. De kunna då lätt tro att de

121

äro anfallna från tvenne håll, bli förvirrade och fly till skogs."

Man gjorde som Odd sagt. Men när Hjalmars män fingo höra det första krigsropet, låtsade de ej alls märka det; när så det andra skallade, höllo de upp med leken så länge det varade, men begynte sedan genast igen.

Både Odd och Gudmund återvände till skeppen, och Odd sade: "Här kan man godt se att det tarfvas mera än att skria." Gudmund undrade, huru de nu borde göra. "På dessa män skola vi ej stjäla oss. Låtom oss bida morgondagen", svarade Odd.

Så snart det begynte dagas om morgonen, härklädde sig Odd med alla sina män och de gingo i land för att utmana Hjalmar och hans kämpar till strid. När Hjalmar varsnade härklädda vikingar, lät han genast ordna sina män och tågade mot Odd.

När de kommit så nära, att man kunde ropa till hvarandra, sporde Hjalmar, hvem som rådde för folket.

Odd sade sitt namn.

"Är det du som drog till Bjarmaland för några vintrar sedan och hvad är ditt ärende?" frågade Hjalmar.

"Jag är samme Odd och nu vill jag pröfva hvilken af oss två som skall finna sin öfverman", svarade Odd.

"Hur många skepp har du?" sporde Hjalmar. "Vi hafva fem skepp och hundra man på hvarje", sade Odd. "Hur många hafven I?"

"Vi hafva femton skepp och hundra man på hvart, men de tio skola ej deltaga i striden, utan vi och våra män skola kämpa bröst mot bröst", sade Hjalmar.

"Manligt är det taladt", svarade Odd.

Nu ordnades deras skaror och det kämpades med stort mannamod så länge dagen varade; om aftonen höjdes fredssköld. Hjalmar sporde så, hur Odd funnit dagens strid. Odd sade sig vara till freds.

"Vill du leka samma lek om igen i morgon?" sporde Hjalmar.

"Jag önskar intet högre", svarade Odd.

Den följande dagen drabbade härarne ånyo ihop och striden fortsattes ända till aftonen, då fredsskölden höjdes. Hjalmar sporde så, om Odd önskade strida ännu mera.

"Jag önskar ej bättre, ty aldrig tillförene har jag funnit så tappre män. I morgon skola vi riktigt pröfva hvarandra", svarade Odd.

Men då sade Tord Stafnglam: "Är det mycket byte att få på dina skepp?"

"Nej", svarade Odd, "ty vi hafva ännu ej hunnit taga något denna sommar."

"Då tyckes mig I talen bra oförståndigt, ty I viljen ju då endast strida för äran", svarade Tord.

"Hvad vill du råda oss till?" sade Odd.

"Jag vill", svarade Tord, "att vi skola ingå fostbrödralag."

"Det likar jag godt", sade Odd. "Men hvad tror du Hjalmar säger om det?"

"Jag går in därpå, men vill ej hafva andra vikingalagar än dem jag tillförene haft", svarade Hjalmar.

"Låt höra dem först", sade Odd.

Hjalmar sade då: "Hvarken jag eller mina män äta rått kött eller dricka blod, ty det synes mig vara ulfvamat och ej mannamat.

Aldrig plundra vi köpmän och bönder, och om vi göra strandhugg, betala vi allt det som tages.

Aldrig få kvinnor plundras, hur stora ägodelar de än månde äga, och aldrig få mina män röfva sig en brud.

Bryter någon mot dessa lagar, mister han lifvet, hvem han än vara må."

"Dina lagar synas mig goda och jag antager dem", sade Odd.

Därefter ingingo Hjalmar och Odd fostbrödralag, och så begynte de sina härfärder tillsammans. De vunno rykte utan like, så väl för sitt mod och sin tapperhet som för sin rättrådighet.

Deras första bragd var att dräpa några vidtberyktade berserkar på Seland. Där vunno de mycken ära och stora ägodelar; sedan seglade de omkring hela sommaren, men om hösten följde Odd med Hjalmar till Sverige, under det Asmund och Gudmund återvände hem till Rafnista, sedan Odd först stämt möte med dem till våren. Hjalmar och Odd blefvo väl mottagna vid kung Anes hof och dröjde kvar där hela vintern. Odd erhöll i vängåfva af kungen trenne gårdar. Kung Ane hade en dotter som hette Ingeborg. Hon var både skön och god. Hjalmar älskade henne högt. En dag sade Odd till Hjalmar: "Hvarför begär du ej kungadotterns hand? Jag ser att eder håg står till hvarandra." "Nog har jag begärt Ingeborg, men kung Ane vill ej gifva henne till någon som ej äger konunganamn." "Då skola vi till sommaren förelägga kungen tvenne villkor: antingen gifver han dig Ingeborg eller ock utmana vi honom till strid", sade Odd. Men Hjalmar sade: "Det skola vi icke göra, ty Ane är min konung, och jag har lofvat honom tro som landtvärnsman." Och därvid blef det. De dröjde vintern öfver i Uppsala, men mot våren rustades skeppen och de styrde åter ut till hafs, sedan de först sammanträffat med Asmund och rådgjort om planen för sommarens färder.

Odd sade sig vilja fara i västerviking, och så seglade de med sina skepp bort till Orkneyöarna, hvilka intogos, och därpå till Skottland som de äfven delvis underlade sig. Där stannade de i tvenne vintrar. Därpå styrde de till Irland, och deras flotta bestod då af 60 skepp. Därstädes plundrade de och vunno mycket gods, ehuru irerna i stora skaror flydde till skogs, medförande så mycket ägodelar de kunde.

En dag voro de i land för att plundra. Odd och Asmund hade ilat långt före de andra. Bäst det var hörde de en pil hvina. Den träffade Asmund rätt i bröstet och han föll. Odd blef utom sig af sorg öfver sin trogne barndomsväns död, men han utkräfde en värdig hämnd, ty en

124

af Gusespilarne flög genast bort och fällde Asmunds baneman till marken. Därpå återvände Odd till skeppen, medförande den döde Asmund. Efter detta hatade Odd irerna och tyckte sig aldrig kunna göra dem skada nog. En dag ströfvade han omkring i skogen och ryckte i vredesmod upp träd och buskar. En af buskarne tycktes vara lösryckt förut, och när Odd såg efter, täckte den endast en dörr som förde ned till en jordkula. Han ryckte upp dörren och trädde in i rummet. Därstädes funnos sju kvinnor, alla vackra, men en af dem var långt vackrare än de andra. Odd fattade henne vid handen och ville draga henne ur hålan, men hon sade: "Låt mig vara, Odd."

"Huru vet du, att jag heter Odd?" sade han förundrad. "Så fort ni kommo hit till ön, visste jag, att det var Orvar Odd och Hjalmar den hugstore som anländt."

Odd sökte ännu en gång med våld föra henne med sig, men alla tärnorna höllo henne tillbaka. Hon bad dem lämna henne fri och sade till Odd: "Jag vill betala dig, Odd, om du lämnar mig i fred, ty mig felas ej rikedomar."

"Jag behöfver ej dina pengar", svarade Odd.

"Då skall jag låta göra dig en skjorta."

"Skjortor har jag nog af", sade Odd.

"Nog kan du väl hafva, men ej maken till denna", svarade tärnan, "ty hon skall förfärdigas af finaste silke och broderas med guld, och den skall hafva sådana egenskaper att du till förene aldrig sett maken."

"Låt höra då", sade Odd.

"I denna skjorta skall du aldrig lida af köld, hvarken på land eller haf; aldrig skall du tröttas af simning, aldrig skadas af eld. Hunger skall aldrig plåga dig, vapen aldrig såra dig, och hon skyddar dig mot alla faror; endast i ett fall förmår hon ej skydda dig", sade tärnan.

"I hvilket?" sporde Odd.

"Om du tager till flykten", svarade tärnan.

125

"Om skjortan har alla de egenskaper du lofvat, synes
mig föga fara för att jag skall gripa till flykten", sade
Odd. "När skall hon vara färdig?"
"Nästa sommar. På samma dag och vid samma tid
som nu", svarade tärnan.
"Men kom ihåg", sade Odd, "att om du ej håller ditt
löfte, så skall jag göra irerna lika stor skada som de gjort
mig, då de dödade min fosterbroder Asmund. Aftalet blir
mellan oss allena."
Därefter skildes de åt. Odd återvände till skeppen,
och till allas förvåning ville han segla därifrån så fort de
kunde. Under många äfventyr seglade de omkring. I
Danmark vunno de en lysande seger, och så beslöto de
att öfvervintra där. Om våren sporde Hjalmar hvarthän
de skulle segla.
"Till Irland", svarade Odd.
"Fick du ej nog af det förra sommaren?" sade Hjal-
mar.
"Tör väl hända. Men dit bort måste jag dock", sva-
rade Odd. Och dit foro de. På utsatt tid infann sig Odd i
skogen, på samma plats där han förliden sommar träffat
Ölver, så nämndes den fagra konungadottern. Men hon
syntes ej. Vredgad dröjde Odd en stund. Då hördes dån
af vagnshjul och kort efter anlände Ölver med ett ly-
sande följe.
När hon varsnade Odd, sade hon: "Vredgas ej. Arbe-
tet har varit svårt och kräft mycken tid. Sitt nu upp
bredvid mig och profva skjortan."
Odd synade den noga, därefter tog han skjortan på
sig och den passade förträffligt.
"Har den nu alla de egenskaper du utlofvat?" frågade
Odd.
"Ja, det har den", svarade Ölver.
"Har du länge arbetat på denna präktiga skjorta och
har du ensam sömmat den?" sporde Odd.
Då kvad Ölver:

"Denna skjorta af silke
på sju ställen gjordes:
En arm här på Irland,
den andra nord på hos finnar,
Saxlands tärnor den sömmade,
Söderlandens den spunno,
Välska tärnor den väfde,
Othjodans moder den kastade."

Odd svarade med ett kväde:

"Det känns ej som brynja
eller blå ringar
iskalla om mig föllo,
då om sidorna tätt sluter
silkesskjortan
sömmad med guld."

Ölver frågade därpå huru Odd fann skjortan. Odd svarade: "Jag är öfvermåttan nöjd med den. Och nu må du äfven fordra lön för ditt arbete."

Ölver sade: "Jag begär till lön, att du i trenne vintrar stannar här på ön och värjer mitt rike, ty efter min faders död hota mina fiender att fråntaga mig det. Men nu må du kräfva dig lön."

"Jag vill då att du följer mig till skeppen och blifver min maka", sade Odd.

"Det går jag in på", svarade Ölver.

Odd återvände så till skeppen, hvarest han omtalade att han trolofvat sig med Ölver, och han bad därför Hjalmar stanna på ön under de trenne vintrarne, hvilket Hjalmar äfven lofvade.

Odd drack så bröllop med Ölver. Sedan kryssade han och Hjalmar med sina skepp kring Irlands kuster och dräpte många illasinnade vikingar. Men när de trenne vintrarne voro förlidna, sade Odd att han ånyo ville draga ut på vikingatåg.

Ölver hade under tiden fått en dotter som kallades Ragnhild, och Odd fordrade att få taga barnet med sig, men Ölver ville själf behålla sin lilla dotter. Hon och Odd tvistade så länge, att Hjalmar slutligen upphäfde sig till domare och sade, att Ölver skulle behålla barnet som borde växa upp till glädje för sin moder.

Odd var föga nöjd med domen, men icke dess mindre följde han med Hjalmar, och under otaliga strider drogo de nu omkring hafven. Slutligen vände de åter till kung Ane i Uppsala, hvarest de blefvo väl mottagna och dröjde vintern öfver i Sverige.

ARNGRIMS SÖNER

På ön Bolm lefde en väldig kämpe vid namn Arngrim med sin hustru Eyvor. De hade tolf söner. Den äldste hette Angantyr och den därnäst Hjorvard. Alla voro de storvuxna berserkar, större än vanliga kämpar, men Angantyr var hufvudet högre än sina bröder och stark som tvenne.

Redan i unga år drogo de ut på vikingatåg och härjade vida omkring, men ingenstädes hade de funnit sin öfverman. De voro tappra ehuru illasinnade, grymma vikingar. Ofta kom berserkagången öfver dem och då vrålade de likt vilda tjurar, beto i sköldarne och höggo med svärden ned allt som kom i deras väg. På detta sätt hade de ofta dödat sina egna kämpar, och nu drogo de för det mesta ensamma omkring med sina skepp, ty ingen ville följa dem.

En julafton sutto bröderna hemma hos sin fader, och när Bragebägaren inbars, gjorde hvar och en löfte om att utföra ärorika bragder.

Hjorvard sade: "Jag skall äga den öfver hela Norden prisade Ingeborg, dotter till kung Ane i Uppsala."

Strax på våren seglade bröderna dit och trädde inför kungen. Hjorvard framförde sitt ärende och omtalade det löfte han vid Bragebägaren aflagt. Kungen som väl kände deras tapperhet och trotsiga sinnelag, begynte blifva rädd och villrådig. Dessa vikingar hade visserligen ej konunganamn, men voro det oaktadt lika mäktiga som trots någon konung.

128

Då Hjalmar såg Anes tvekan, steg han fram och sade: "Kom ihåg, herre, huru högt jag ärat eder, huru många tjänster jag gjort och i huru många strider jag värnat riket. För allt detta beder jag, att I viljen gifva mig eder dotter Ingeborg som jag länge älskat. Det tyckes mig vida rimligare att I låten mig vederfaras denna lycka, än denne främmande berserk, hvilken är vida känd för alla sina illgärningar, både i edert eget rike och i andras." Ane som af detta tal blifvit ännu mera villrådig, svarade: "Jag kan ej afgöra hvilken af eder som är mest värdig att äga min dotter, utan passar det sig bäst att hon själf afgör hvem hon helst vill tillhöra." Ingeborg svarade: "När du, min fader, vill gifta bort mig och låta mig själf kora den make jag skall hafva, så väljer jag den man som jag länge känt och älskat och hvars ädla sinnelag och tapperhet äro mig väl kända, nämligen Hjälmar", svarade Ingeborg. Då Hjorvard hörde hennes svar, blef han mäkta vred och utmanade genast Hjalmar till holmgång på Samsö. Hjalmar skulle vara "hvars mans niding", om han icke i rätt tid infann sig på mötesplatsen för att utkämpa enviget med Hjorvard. Hjalmar svarade: "Jag skall nog möta dig." Därpå foro Arngrims söner hem. När de omtalade för fadern att de utmanat Hjalmar den hugfulle till holmgång, svarade han endast: "Nu kräfvas goda svärd, ty tapprare viking finnes ej."

STRIDEN PÅ SAMSÖ

På utsatt tid infunno sig bröderna på Samsö. Angantyr hade af sin fader fått svärdet Tyrfing, ett konstverk, smidt af dvärgar. Detta svärd lyste likt en solstråle, och dess egg var härdad i etter. Ständigt skänkte det sin ägare seger, men hvarje gång det drogs ur skidan måste det vålla en mans bane. Äfven Hjalmar och Odd voro vid rätt tid på mötesplatsen. Både Odd och Hjalmar gingo i land för att se, om deras motståndare voro komna. Hjalmar var fullt beväpnad, iklädd hjälm och brynja, men Odd hade endast en yxa för att hugga virke till ett block som gått sönder på ett af skeppen. Medan de voro i skogen, kommo Arngrims söner och fingo se skeppen. Genast föll berserkagången på dem, de skriade högt, rusade ombord och nedhöggo alla Hjalmars män.

Dessa försvarade sig modigt, men måste dock falla för de ursinniga hugg som utdelades, men alle man föllo på sin post. När nu hela skeppet var afröjdt, utbrast Hjorvard: "Ljugit har vår fader Arngrim, när han kallat desse män tappra; vi borde nu fara hem och dräpa den usle gubben till lön för omaket han gjort oss; men törhända Hjalmar och Odd ej äro bland de fallne?" De lade då en man vid hvar åra för att se efter, och funno så att styrmännen fattades. Då förstodo de att Hjalmar och Odd ej voro bland de döde.

Under tiden återvände Hjalmar och Odd. När de varsnade det illdåd berserkarne utfört, sade Hjalmar: "Vi två skola i afton gästa Odin, men dessa tolf bröder skola lefva." Det säges att detta var första gången Hjalmar fällt dylika ord.

Men Odd svarade: "De tolf berserkarne skola gästa Odin, men vi två skola lefva! Eller vill du kanhända vi skola fly till skogs?" sade han gäckande.

"Väl vet du, broder, att vi aldrig flytt för några fiender, hur tappre de än kunnat vara", sade Hjalmar.

Därefter skyndade sig Odd in i skogen och högg en väldig klubba. Så följdes fosterbröderna åt till stranden, hvarest de funno Arngrims söner. En af dem var hufvudet högre än de andra och svängde ett svärd som lyste likt en solstrimma. Det var Angantyr med Tyrfing.

Hjalmar sade: "Vill du, Odd, strida mot Angantyr ensam eller mot de andra elfva?"

Odd svarade genast: "Jag vill strida med Angantyr, ty jag litar mera på min silkesskjorta än på din brynja."

Hjalmar sade: "Jag vill strida mot Angantyr, ty ännu aldrig har jag låtit dig vara främst i striden."

"Illa gör du nu", sade Odd. Men Hjalmar ville ej höra talas om någon ändring. Sedan sade Angantyr: "Låtom oss komma öfverens om att ingen får plundra den andres lik. Om jag faller, vill jag högsättas med Tyrfing vid min sida." Alla enades om att hvar och en skulle behålla sina dyrbarheter och vapen. Därpå gingo Hjalmar och Angantyr mot hvarandra. Väldiga hugg skiftades dem emellan, och skarpare strid kunde ej tänkas. Odd ropade till de öfriga elfva bröderna:

"En skall mot en
stånda i striden,
om männer I ären
och modet ej fattas."

De tyckte detta var rätt taladt. Hjorvard gick först mot Odd, men hur hårdt Hjorvard än högg, på Odds silkesskjorta bet ej svärdet, och Odd fällde Hjorvard till marken med ett slag af sin stora klubba. Därefter gingo alla bröderna, en och en, fram mot Odd; alla fingo de sin bane, men ej ett enda sår hade Odd erhållit.

Sedan striden var ändad, gick han till platsen, hvarest Hjalmar och Angantyr kämpat. Väl var Angantyr fallen, men Hjalmar satt lutad mot en tufva, helt blek af alla sår han fått. Då kvad Odd:

"Hur är dig Hjalmar,
har färgen du skiftat?
Svårt dig plåga
såren de djupa.
Klufven är hjälmen,
sliten är brynjan.
Dig själf ser jag nu
på sista färden."

Hjalmar svarade:

"Sår har jag sexton
och sliten brynja.
Det skymmer för ögat,
jag mäktar ej gå.
Angantyrs svärd
skar i mitt hjärta
med hvassa udden
härdad i etter."

Odd utbrast: "Nu har jag lidit den största förlust i värlḏen, och dina råd hafva denna gång illa lyktats. Hade du låtit mig råda, skulle vi här hafva vunnit en härlig seḏger."

Hjalmar svarade: "Hvarje människa måste dock en gång dö, och min lefnadsdag var liden. Nu vill jag kväda en afskedssång som du skall föra hem till Uppsala."

Därpå kvad Hjalmar:

"På fjället jag hade
fem fullgoda gårdar.
Dock trifdes jag icke
att lefva i land.
Nu utan lifshopp
ligga jag måste
sårad af Tyrfing
på Samsö strand.

Kungsdottern fagra
mig följde på väg
ytterst i skären
vid Agnefit.
Sannas lär sagan
den väna mig sade
att hon ej mera
månde mig se.

Svårt var att skiljas
från sången, den fagra
som tärnorna sjöngo

132

vid Soteskär.
Men skeppet det framsköt
snabbt uti farten.
Och fjärran jag for
med fasta vänner.

Bär nu till kungssal
brynjan och hjälmen,
dem du för alla
där skall visa.
Hjärtat lär brista
på konungadottern
när brynjan hon ser
för bröstet huggen.

Drag du af handen
gullringen röda,
gif den min unga
Ingeborg.
Han skall hos henne
hugfästa sorgen
att hon ej mera
månde mig se."

Därpå räckte Hjalmar ringen till Odd och så bad han att ej blifva höglagd tillsammans med de illasinnade berserkarne, utan i stället förd till Uppsala. Sedan sände han ännu en afskedshälsning till alla sina vänner vid kungens hof och slutligen kvad han:

"Korpen nu sunnan
kommer från heden.
Flygande örnen
följer honom efter;
han skall suga
fradgande blodet.
Jag örnar nu mättat
för sista gången."

133

Därpå dog Hjalmar.

Odd samlade så alla de fallne berserkarne i en hög. Hvar och en fick behålla sina vapen och Angantyr fick svärdet Tyrfing under sitt hufvud. Därpå uppkastade han en stor hög öfver dem. På samma sätt gjorde han med alla sina egna män, och de båda grafhögarne sågos sedan under århundraden och vittnade om den väldiga strid som utkämpats på Samsö.

Odd förde därpå Hjalmars lik ombord, hissade seglen och styrde så hem till Uppsala. Sedan han landat, bar han den döde Hjalmar fram till kungsgården och nedlade honom utanför salsdörren. Själf trädde han in i salen, med Hjalmars brynja och hjälm som han nedlade inför kungen. Så förtäljde han om Hjalmars sista ärofulla strid och framförde hans afskedshälsning, gick därpå till Ingeborg som just höll på att sömma en skjorta åt Hjalmar, och sade: "Hjalmar hälsade och sände dig denna ring i sin dödsstund."

Ingeborg tog ringen, såg på den, men sade intet utan dignade ned död.

Då smålog Odd och sade: "Nu skola de, förenade i döden, njuta den sällhet ödet nekade dem här i lifvet."

Därpå bar han ut Ingeborg och lade henne i Hjalmars famn. Sedan sade Odd: "Låtom oss lägga dem i samma grafhög."

Kungen lät Odd råda i allt, så sorgsen var han öfver sin dotters död. En präktig grafhög uppkastades öfver dem.

Odd stannade en tid hos kung Ane, men snart tog han farväl och drog ut på nya härfärder. Men städse saknade han sin fosterbroder och vän Hjalmar.

ORVAR ODDS STRID MED SÄVID

Den följande våren tog Odd farväl af Sveakungen och begaf sig ut på vikingatåg. Först seglade han till Gardarike, hvarest han blef högt ärad af konungen, och så till Gotland. Där mötte han den berömde vikingen Sävid, en jättestor kämpe som hela sitt lif legat ute i härnad. Sävid hade femtiofem skepp, Odd endast tio. Sävid anföll med hela sin flotta, och vid kvällens inbrott voro Odds män fallna, endast han själf kvarstod på höfdingaskeppet. Odd hoppade då öfver bord och sökte rädda sig i land med simning. Men en af Sävids män varsnade honom och slungade ett kastspjut efter honom. Spjutet träffade Odd i benet och sårade honom illa.

Då kom han ihåg att silkesskjortan ej kunde värna honom, om han tog till flykten, och genast återvände han till skeppen. Så snart vikingarne sågo honom, blef han genast tillfångatagen och lagd i starka bojor; händerna bundos med en bågsträng och trettiosex man sattes att hålla vakt. Alla öfriga gingo i land för att sofva.

När hela hären somnat, sade Odd till sina väktare: "Det är dock uselt att vi ej hafva något att fördrifva tiden med. Kunnen I ej föreslå något eller skall jag göra det?"

"Det må du göra, ty detta var klokt taladt af dig", sade vakten.

Då började Odd kväda den ena sången efter den andra, prisande sina bragder. Slutligen voro alla männen insomnade; då släpade sig Odd efter en yxa och lyckades efter stora ansträngningar skära af bågsträngen. Så fort han väl fått händerna fria föllo snart de andra bojorna. Så tog han fatt i sin båge och gick i land. Men om morgonen, när Sävid med sina män kom för att döda Odd, var denne sin kos och hela vakten försänkt i djup sömn.

Sävid dröjde kvar ännu några dagar och sof alltid i sitt tält som var uppslaget på stranden. En natt, när alla sofvo, smög sig Odd fram och högg omkull tältet. När männen yrvakna sökte värja sig, blefvo de jämte Sävid dödade. Sedan tillfrågade Odd de öfriga af Sävids män om de ville taga honom till höfding, och alla svarade med glädje ja därtill. Så foro de vida omkring, men Odd gästade ofta om vintrarna den gamle Sveakungen Ane, för hvilken han hyste stor vänskap.

ODDS DOP

En vår hade Odd stämt möte med Gudmund och Sigurd. Sedan de anländt, rustade han sina skepp, uppsade Sveakungen sin tjänst, och så seglade de omkring hela sommaren och vunno ära och rikt byte. Hvarthän Odd kom med sina kämpar, tillbjödo landets kungar honom stor andel i riket, om han ville dröja hos dem, men Odd ville ej vidare binda sig.

En vinter kommo de till Grekland. Där skaffade sig Odd nya skepp och styrde hän till Sicilien som då antagit kristna läran. Där fanns ett kloster som förestods af abbot Hugo, en mycket ifrig, from och rättskaffens kristen. Så snart han sporde att hedniska vikingar landat, gick han dem till mötes och samtalade länge med Odd. Abboten talade om Guds godhet och mildhet, och Odd syntes finna läran god. Slutligen frågade abboten, om ej Odd ville låta döpa sig.

Men Odd svarade: "Först vill jag lära känna den kristna lärans bruk och seder innan jag fattar något beslut."

En dag besökte därför Odd med sina män kyrkan, hvarest han fick höra härlig sång och klockringning. Sedan tillspordes han ånyo af abbot Hugo, om han ville låta döpa sig och huru han funnit den kristna läran.

"Jag tycker bra om den", svarade Odd, "och jag vill dröja här vintern öfver."

Fram på nyåret började sjöröfvare härja Siciliens kuster; abbot Hugo bad då Odd värna landet. Under vidsträckta härnadståg bland de grekiska öarne seglade Odd omkring hela vintern och vann segrar och rikt byte. Därpå vände han åter till Sicilien, hvarest han och hela hans här lät döpa sig. Sedan seglade Odd till Jorsala land. På vägen dit förliste alla hans skepp och själf slungades han i land med en skeppsspillra. Men sitt koger och sin båge hade han dock i behåll. Bort till Jordan styrdes färden. Där badade han i dess heliga vatten och så återvände han till fots, ensam och arm, med endast sitt pilkoger, sin båge och några få guldsmycken. Så kom han till Ungaraland.

Där härskade tvenne unga konungar, Wilhelm och Knut, hvilka nyligen tagit riket i arf efter sin fader. Men Wilhelm ville ensam råda för riket, och Knut måste taga till flykten. Han begynte dock genast samla folk för att angripa brodern. Odd tillbjöd Knut sina tjänster, och då han sagt sitt namn, sporde denne, om det var den Odd som för flere år sedan varit i Bjarmaland. När Odd sade sig vara densamme, hälsades han välkommen af Knut som bad honom blifva höfding för hela hären. Mycket folk strömmade till och inom kort återvände Knut med en stor här för att återkräfva sitt fädernearf af Wilhelm.

Odd sade: "Innan vi börja striden, skola vi först skicka en hälsning till kung Wilhelm och bjuda fred, mot det han gifver dig halfva riket."

"Detta uppdrag må du själf framföra", sade Knut. Odd drog då till kung Wilhelms hof och framförde sitt ärende. Men på inga villkor ville Wilhelm dela riket med Knut; denne skulle få fred och återvända till hofvet, om han ville. Med detta besked lämnade Odd hofvet. De båda härarne tågade så mot hvarandra och det blef en väldig strid. Odd banade sig väg rätt igenom fiendens led fram till kung Wilhelms sköldborg och genomborrade kungen med sitt svärd.

Då uppgåfvo Knuts män ett jublande segerskri och kungen lät blåsa i fredslur, till tecken att striden skulle upphöra. Därpå korades Knut till konung och alla svuro honom trohetsed. Odd blef högeligen ärad af kungen som bad honom utvälja sig hvad helst han ville af krigsbytet.

Odd stannade så några år hos Knut, men snart tröttnade han på detta dådlösa lif och längtade ånyo ut i världen. Kungen erbjöd honom manskap och mycket gods, men Odd afslog båda delarna, och lika ensam som han kommit till Ungaraland drog han bort därifrån.

Därefter genomvandrade han många land och stora skogar. Slutligen kom han till Hunaland. I en stor skog

såg han en liten stuga. Där beslöt han att hvila ut. Odd
bar en vid kappa som han svept omkring sina präktiga
kläder, hade sitt pilkoger på ryggen och bågen i hand.
När han kom fram till stugan, stod där en man på gården
och högg ved. Han var liten till växten och gråhårig.
Mannen hälsade på Odd och sporde om namnet.
"Jag heter Vidförul[7]. Men hvad är ditt namn?" frå-
gade Odd.
"Jag heter Jolf", svarade mannen. "Nu vill du väl
stanna hos oss öfver natten?" tillade han.
"Ja", sade Odd.
De följdes åt in i stugan, och Jolf tillsade sin hustru,
att undfägna den nykomne gästen.
"Ja, nog händer det ofta du bjuder på välfägnad, men
om här finnes något i huset eller ej, bekymrar dig föga",
sade hustrun vresigt.
Om aftonen framsattes dock mat åt Odd och husets
herre. När de skulle äta, framtog Odd en dyrbar knif,
med gyllene ringar på skaftet. Jolf tog knifven och såg
beundrande på den. Odd frågade då om han ville mot-
taga knifven som vängåfva.
"Med tacksamhet", sade Jolf, "och måtte lyckan följa
dig för din frikostighet." När Odd vaknade den följande
dagen, var Jolf borta, men hustrun hade hälsningar att
Vidförul skulle dröja kvar tills hennes man kom hem.
Framemot middagen hemkom Jolf, hvarefter bordet
genast dukades och maten framsattes. Jolf lade trenne
stenpilar framför sig på bordet.
Odd såg noga på dem och beundrade det fina arbetet.
Därpå sade han: "Äro dessa goda pilar dina?"
"Ja", svarade Jolf, "och om du finner dem goda, så
behåll dem."
"Det var en god gåfva", svarade Odd, "men jag lär
väl ha föga bruk för dem."
"Det tör allt hända att du behöfver dem, Odd, och att
dessa pilar finna målet när Gusespilarne svika dig."

---

[7] Den vidtbereste

138

"Vet du att jag heter Odd?" sade Odd förundrad.

"Ja", svarade Jolf.

"Med tack mottager jag då dina pilar", sade Odd och lade dem till de öfriga i pilkogret. "Hvem råder för detta landet?" sporde han därpå.

"En konung som heter Herraud. Han har en dotter vid namn Silkessif och hans främsta kämpar heta Sigurd och Sjolf. Dessutom är kungens rådgifvare Harrek, en mycket förnämlig man och konungadotterns fosterfader", svarade Jolf.

"Du vet godt besked", sade Odd, "men vill du nu äfven följa mig till kungen?"

"Ja", svarade Jolf, "och inte blifver följet då för stort."

Därpå begåfvo de sig i väg och kommo fram till konung Herrauds läger, ty hela hunnernas här var just där församlad. Kungen satt till bords, med sin dotter vid ena sidan och Harrek vid den andra. Hans kämpar sutto midt emot.

Odd och Jolf hälsade kungen som mottog dem väl och sporde hvad den väldige mannen i kåpan hette. Odd sade sig heta Vidförul.

Därpå tillspordes han om sitt hemland.

Odd sade sig ej kunna uppgifva något bestämdt land. "Min mesta tid har jag tillbragt i skogen och nu är jag kommen hit för att bedja om vintergästning."

"Kan du några idrotter?" sporde kungen.

"Det kan jag ej lofva", svarade Odd.

"Jag har gjort det löftet att ej gifva mat åt någon man som ej genom ädla idrotter vet göra skäl för maten", svarade kungen.

"Inte är jag så alldeles utan förmåga", svarade Odd, "något kan jag väl alltid duga till."

"Kan du jaga?" sporde Herraud.

"Törhända", svarade Odd.

"Det skola vi pröfva", sade kungen.

"Hvar skall jag sitta?" frågade Odd.

139

"Sätt dig där nere bland gästerna och svennerna", svarade kungen. Därpå följde Odd med Jolf ut, tackade för all vänlighet och gästfrihet och hemsände en dyrbar armring af guld till hans hustru. Därpå skildes de åt, sedan Jolf först hjärtligt tackat för gåfvan. Odd trädde därpå in i salen och tog plats längst nere vid dörren. Där sutto tvenne bröder, Ottar och Ingjald. De beredde plats för den nykomne gästen mellan sig och begynte spörja honom om nyheter. Odd visste berätta om alla land. Kåpan behöll han på sig hela tiden, men pilkogret och bågen hängde han upp bakom sig. Ehuru Odd flere gånger blef erbjuden präktiga kläder, ville han dock ej aflägga sin gamla kåpa.

En dag sade Ingjald: "I morgon måste vi vakna i god tid."

"Hvad står då på?" sporde Odd.

"Kungen skall på jagt med alla sina kämpar och allt sitt husfolk", svarade Ingjald.

Om morgonen sökte bröderna förgäfves väcka Odd. Det var redan långt lidet, men ännu hade de ej fått honom vaken, och ej heller ville de lämna honom ensam hemma. Slutligen vaknade Odd och frågade, om kungen redan vore dragen ut på jakt.

"Både han och hela hans följe. Det var en olycksdiger sömn du haft, nu hafva de skjutit allt villebråd innan vi hinna fram", sade bröderna.

Därpå begåfvo sig alla tre på väg, Odd med den vida kappan på sig, kogret på ryggen och bågen i hand. Under vägen sporde han, om Sigurd och Sjolf voro goda bågskyttar.

"Ja, och äfven i alla öfriga idrotter äro de ypperst", svarade bröderna.

Nu hade de hunnit fram till bergen, hvarest jaktsällskapet var samladt och där vimlade det af djur. Ingjald och Ottar spände sina bågar, men sköto alltid bom.

Då sade Odd: "I bären eder ju alldeles bakvändt åt. Gif hit bågen, jag kan ej tro jag skall skjuta sämre."

Odd fick bågen, men drog strängen framom piludden och bågen brast. "Nu har du vållat oss stort men", utbrast Ingjald, "och ej ett enda villebråd lära vi skjuta i dag."

"Det var illa att jag gjort eder skada", sade Odd, "men breden nu ut edra kappor, så skall jag visa hvad jag har i min påse." Därpå framtog han sin påse och hällde ut alla pilarne; aldrig tyckte de sig tillförene sett så goda skjutvapen, ty en del af pilarne voro till och med guldsmyckade.

Odd tog nu en sträng och spände sin båge. Därpå afsköt han en pil rätt öfver allas hufvuden; pilen fällde en ståtlig hjort.

"Hvem sköt detta mästerskott?" frågade kungen.

Odd låtsade ej höra utan afsköt alla sina pilar, så att endast Gusespilarne och de stenpilar han fått af Jolf funnos kvar. För hvarje pil föll ett djur.

Ingjald och Ottar gladdes mycket åt sin väns framgång, med Sjolf och Sigurd voro förbittrade, ty de lyckades ej skjuta något den dagen.

Mot aftonen drogo alla hem. Allt villebrådet frambars inför konungen och alla pilarne urtogos hvarefter kungen skulle utdela dem, så att hvar och en fick igen sina. Nu skulle det visa sig hvem som dödat de flesta djuren.

Bröderna sade åt Odd att gå fram och återfå sina pilar.

"Låtom oss först vänta litet", svarade Odd.

När nu hans pilar kommo fram, sade kungen till sin dotter som satt bredvid honom: "Se, hvilka vackra pilar!"

Då sade Odd till sina vänner att de skulle gå fram och säga att pilarne voro deras.

"Det kunna vi ej", svarade de, "ty kungen skulle ej tro oss."

"Då följas vi åt alla tre", sade Odd. De gjorde så. Odd förde ordet: "Herre", sade han, "dessa pilar tillhöra mig och mina vänner."

Kungen såg på honom och sade: "Du måste vara en mäkta stor bågskytt."

Odd svarade: "För att kunna skjuta skogens vilda djur och skaffa mig föda, har jag måst öfva mig något litet."

"Det tör väl hända att du nu säger sant, men det tör äfven hända att du ej är den du säger dig vara", svarade kungen.

Odd tog därpå sina pilar och alla tre gingo åter till sina platser.

OTTARS OCH INGJALDS VAD MED SJOLF OCH SIGURD

En afton, sedan kungen gått till hvila, och endast hofmännen voro kvar i salen, kommo Sjolf och Sigurd ned till Ottar och Ingjald och bjödo dem mjöd ur bräddfyllda horn. Bröderna tömde dem och tackade. Kort efter kommo de ånyo ned med bräddade horn, och ehuru både Ottar och Ingjald tyckte sig hafva druckit nog, tömdes äfven dessa. Sedan slogo sig Sjolf och Sigurd i språk med dem och sade retsamt:

"Sofver eder kåpeman allaredan?"

"Ja", svarade bröderna. "Förmodligen finner han det rimligare för en klok man att sofva än att dricka så att han ej vet hvart vettet tar vägen."

"Han måtte ej vara van vid fina seder, när han så föga aktar höfviske mäns sällskap", svarade Sjolf och Sigurd.

"Månne denne man är lika skicklig i simning som i bågskjutning?"

"Han är väl förfaren i äfven denna idrott", svarade bröderna.

"Då skola vi hålla vad; vi sätta upp dessa båda guldringar. Eder vän skall då simma i kapp med oss båda. Kungen skall vara domare och konungadottern skall utdela priset."

"Det gå vi in på", svarade bröderna.

Om morgonen när Ottar och Ingjald vaknade, ihågkommo de vadet och funno det ytterst dåraktigt att hafva hållit vad för en annans räkning. Men de omtalade emellertid saken för Odd. "Nu hafven I handlat oklokt, ty I veten ju ej om jag kan simma bättre än en gråsten. Om jag än kunnat simma, är det nu så länge sedan jag pröfvade den leken att jag törhända glömt konsten", svarade Odd. Bröderna voro ledsna och sade att de väl själfva fingo stå sitt kast och täfla. "Nej", sade Odd, "I hafven i detta och flera andra fall satt stor lit till mig och jag vill ej svika edert förtroende. Underrätta kungen om saken och vi skola genast begynna leken."

Så snart kungen fått veta att Sjolf och Sigurd ingått vad med den så kallade Vidförul, lät han genast blåsa i lurarna och massor af folk samlades. Alla gingo ned till stranden och kungen jämte hans dotter Silkessif intogo sina platser.

Sjolf och Sigurd kommo iförda lätta dräkter, men Odd hade sin vida kappa på sig. Täflingen begynte. Så snart de kommit ut i vattnet störtade sig Sjolf och Sigurd mot Odd och lyckades få honom under vatten, men länge kunde de ej hålla honom nere. När de så för andra gången störtade mot honom, räckte han ut armarna, fattade tag i både Sjolf och Sigurd och höll dem nere en lång stund. Så fingo de komma upp för att hämta andan, men därpå doppade Odd ned dem igen, och denna gång höll han dem så länge under vattnet att man började frukta för att de aldrig mer skulle komma upp. När Odd lät dem komma upp igen, forsade blodet ur näsa och mun på dem, och så hastigt de kunde, summo de i land, alldeles utmattade.

Odd själf dröjde länge kvar i vattnet och utförde flere konststycken som förundrade alla. Därefter steg han i land och gick för att hälsa kungen.

Kungen sade då: "Du är en mäkta god simmare, Vidförul."

143

Men Odd sade endast: "Jag tackar eder, herre, för att ni tilldömt mig segern."

Folket skildes nu åt. Men kungen undrade mycket hvem denne gäst kunde vara som visade sådan styrka och som var så väl öfvad i alla idrotter. Så stor var kungens undran, att han bad sin dotter och Harrek söka utforska Vidförul.

Odd som af konungadottern fått priset, gaf ringarne till Ottar och Ingjald, hvilka voro öfvermåttan glada åt vännens seger.

En tid efter kom åter Sjolf och Sigurd en afton bort till Ingjald och Ottar med tvenne horn fyllda med det starkaste mjöd. Bröderna tömde hornen, men strax efter räcktes dem hornen ånyo bräddade. Sedan äfven dessa tömts, sade Sjolf och Sigurd: "Sofver den där tölpige kåpemannen allt jämt? Kan han då aldrig tömma en dryck mjöd tillsammans med ärlige män?"

"Det kunnen I lita på, ty han är en väldig dryckeskämpe", sade bröderna.

"Då skola vi åter hålla vad. Kan han ensam dricka lika mycket som vi två tillsammans, skall han vinna dessa ringar, hvardera värda en mark, men vinna vi, skola ni alla tre mista lifvet. Konungadottern skall döma."

Ingjald och Ottar gingo in därpå. Men när de vaknade den påföljande dagen, voro de mycket ledsna öfver att de ånyo låtit narra sig och ansågo sig redan förlorade. Dock omtalade de vadet för Odd.

Denne sade: "Nog tycktes mig edert förra vad vara oförståndigt, men detta är då långt värre. Hur kunnen I så dåraktigt våga lifvet. Dock vill jag göra allt för att rädda eder, emedan jag tydligt ser att Sjolf och Sigurd gärna skulle vilja bringa oss alla tre om lifvet. Säg till kungadottern att vi skola täfla i afton, sedan kungen gått till hvila."

Silkessif omtalade saken för sin fader. Kungen blef glad, ty nu hoppades han få veta hvem denne djärfve

144

man i själfva verket var. Han bad äfven Harrek att vaka öfver täflingen och söka utforska Vidförul. Om aftonen, sedan kungen gått till sängs, begynte drickandet. Harrek flyttade sig så nära dryckesbordet som möjligt för att höra desto bättre. Först stego Sjolf och Sigurd fram med tvenne fyllda horn och sade: "Säg oss nu, du kåpeman, ditt rätta namn, så sant som du vill hafva dina gudars bistånd." "Ären I så mäkta nyfikna att veta mitt namn, så heter jag Orvar Odd", sade Odd. "Det var godt att veta", sade de. Därefter räcktes först det ena och så det andra hornet till Odd, och han tömde dem. Både Sjolf och Sigurd kvad hvar sin sång innan de räckte sin motståndare hornen.

Odd fyllde dem på nytt, hvarefter han räckte dem till Sjolf och Sigurd. Äfven Odd kvad en sång. Så fortgick täflingen. Odd tömde för hvarje gång tvenne horn och de andra hvar sitt, och för hvarje kvad man en sång. Slutligen hade man å båda sidor besjungit alla sina stordåd. Då hade äfven Sjolf och Sigurd fått nog af mjödet. De staplade dock efter ännu en omgång åt Odd. Han tömde dem. Men när Odd räckte de på nytt fyllda hornen åt Sjolf och Sigurd, förmådde de ej tömma dem, utan tumlade döddruckna under bordet.

Då satte sig Odd på sin plats och tömde ännu några fyllda horn och ingen kunde se att mjödet ens stigit honom åt hufvudet. Odd hade sålunda ånyo vunnit.

Konungadottern och Harrek hade omsorgsfullt upptecknat de kväden de hört under aftonens lopp, och de voro nu förvissade om att den hemlighetsfulle gästen var den vidtberyktade Orvar Odd, hvilket de genast omtalade för kungen.

Den följande dagen när kungen med hela sin hird satt vid dryckesgillet, tilltalade han Odd sålunda: "Det är nu tid, Orvar Odd, att afkasta din förklädnad. Allt för länge ha vi låtit dig sitta vid dörren. Men du är själf skuld därtill."

145

Odd svarade: "Jag skall göra som I vill, herre." Därpå reste han sig upp och lät förklädnaden falla. Där stod nu en väldig kämpagestalt, med ädla anletsdrag och ljust silkeslent hår som föll nedåt axlarna i långa lockar. Han var iförd en präktig scharlakansröd skjorta, prydd med gyllene fransar, hade ett guldsmycke om pannan samt en tjock guldring om armen.

"Stig fram till oss i högsätet, Orvar Odd", sade kungen. Odd svarade: "Tack, herre! Dock vill jag ej lämna mina trogna bänkkamrater kvar nere vid dörren, vi måste följas åt."

Kungen sade: "Det är lätt hjälpt. De få följa dig. Först sitter Harrek vid din sida och bredvid honom Ingjald och Ottar, hvilka skola erhålla i uppdrag att passa på dig."

"Det var godt sagdt, herre", svarade Odd och de ordnade sig så som kungen bestämt. Odd och Harrek blefvo de bästa vänner. Ottar och Ingjald täflade om att visa honom tjänster, och till och med kungen själf gjorde allt för att förnöja sin frejdade gästvän. Mot slutet af vintern sporde Harrek hvilka planer Odd hade för sommaren.

"Just inga", svarade Odd. "Jag har mist alla mina välbepröfvade män."

"Den skadan går väl an att bota", menade Harrek. "Har du aldrig tänkt gifta dig?"

"Det vet jag just inte", svarade Odd, "och ingalunda med någon ringa kvinna."

"Det kan jag godt förstå", sade Harrek, "men skulle du ej söka vinna konungadottern genom något djärft dåd?"

"Det ville jag nog, om kungen endast går in därpå", svarade Odd.

"Kungen har lofvat sin dotter till den man som kan öfvervinna den trollkunnige kung Alf, härskare öfver Bjälkelandet. Han är vår konung skattskyldig, men städse vet han att värja sig med trolldom. Både han själf, hans drottning Gyda och deras son Vidgrep äro mycket

146

trollkunniga. De kunna ikläda sig hvilken djurhamn de vilja och äfven göra sig alldeles osynliga, om så tarfvas."

Man kom öfverens om att Harrek skulle höra sig för hos kungen, och kort efter underrättade han Odd om att denne kunde framföra sitt frieri.

Odd gjorde så. Kungen var villig att gifva sin dotter till Odd, och de trolofvades innan han drog ut i striden i spetsen för en välutrustad här.

Så snart kung Alf sporde att kung Herraud sändt en här emot honom, samlade han allt sitt folk och sände så bud till Odd att de båda härarne skulle mötas på en förut utsedd plats. Alfs här var vida större. Det blef en mycket hård drabbning. Odd hade själf fylkat sin här på gammalt nordmannasätt och gick i spetsen, men tyckte det gick underligt till i striden, ty han såg hvarken Alf eller dennes son. Med Odd var en man vid namn Hake; denne var framsynt och kunde äfven se fördolda ting. Odd kallade honom till sig och sade: "Hvadan kommer det sig att mina män falla som strå? Mig tyckes ej striden så het?"

"Ser du ej", sade Hake, "huru Alf och Gyda storma fram och sonen Vidgrep med dem?"

"Nej, jag ser ingen af dem", svarade Odd.

"Så se då under min hand", sade Hake, och när Odd så gjorde, såg han huru Gyda rusade fram svängande ett blodigt gissel, och hvar det träffade föllo männen hopvis; de båda andra höggo ursinnigt in i Odds fylking.

Då blef Odd vred och rusade ifrån Hake för att fälla sina motståndare, men då såg han ingenting. Han vände åter till Hake och sade: "Skydda mig nu med din sköld, medan jag söker efter mina pilar. Odd framtog så sina Gusespilar som aldrig tillförene svikit, lade en af dem på bågen och afsköt den mot Gyda. När hon hörde pilen hvina, satte hon upp handen till skydd och pilen studsade tillbaka. Odd sköt af alla sina Gusespilar, men ingen träffade målet.

"Nu må den stund vara kommen som Jolf spådde mig", sade Odd, "och nu skola vi pröfva hans stenpilar, eftersom Gusespilarne svikit mig."

Han framtog så en af stenpilarne och afsköt den mot Gyda. Äfven nu satte hon upp handen till skydd, men pilen gick igenom den och genomborrade hennes hufvud, därpå flög den åter till Odds båge. Då afsköt han de båda andra och för den tredje pilen föll Gyda ned död. När Vidgrep såg sin moders fall, störtade han mot Odd för att hämnas. De möttes i envig, kampen blef ytterst häftig, men Odd lyckades dock fälla sin motståndare. Alf undkom i nattens mörker och flydde till sin borg. Den följande morgonen begaf sig Odd till borgen. Rundt omkring den hade Alf till skydd upprest en skara afgudabilder. Men Odd brände både dem och templen och lät så hären rycka fram. Alf själf försvarade sig med hjältemod och länge stodo de båda kämparne mot hvarandra utan att vika.

Alf nedkallade alla gudars hämnd öfver Odd som sköflat deras tempel och bränt själfva afgudabilderna. Odd svarade stolt:

"Föga aktar jag dina gudars hämnd, aldrig har jag trott på dem och nu föraktar jag dem sedan jag lärt känna den ende sanne guden."

Därpå utropade han: "Nu vill jag fresta lyckan", och så fattade han ett träd så stort, att alla häpnade, stötte det sedan med jättekraft mot borgporten, så att den med ett väldigt brak störtade in.

Nu stodo Alf och Odd bröst mot bröst och skarpa hugg skiftades. Men ej ett enda träffade Odd, ty silkesskjortan skyddade honom. Ej heller på Alf tycktes svärdshugg bita, och Odd tyckte att hans svärd gjorde lika litet skada som om det varit en mjuk vidja. Då blef Odd otålig, fattade en stor ekklubba och slog den med sådan kraft mot Alfs hjälm, att hjälmen klöfs och Alf störtade till marken.

Sedan Odd nu segrat, gaf han lejd åt Alfs män och tog landet i besittning åt kung Herraud. Därpå togo de stort byte af guld och kostbara vapen. Ingjald och Ottar sattes till höfdingar i landet, och så vände Odd åter till Hunaland igen, hvarest han vann stort pris för sin seger. Kort efter dog kung Herraud. En präktig grafhög uppkastades öfver honom, och på samma gång graföl dracks efter kungen, firade Odd bröllop med den sköna Silkessif.

Odd tog därpå riket i arf och styrde det med klokhet och mildhet under många år och var högt älskad af folket. Med sin maka hade han flere barn, så väl söner som döttrar, och mången tapper hjälte härstammade från honom.

ODDS DÖD

När nu Odd, enligt valans spådom, blifvit mycket gammal, började han längta hem till sin fädernebygd, och han sade därför till sin drottning att han beslutat resa till Norge och se huru där var, samt besöka Rafnista, Berurjoder och andra ställen, väl bekanta från hans ungdomsdagar.

"Jag tycker du kan vara nöjd med Hunaland och alla dess lydländer och ej fika efter det lilla obetydliga Rafnista, som föga värde har", svarade drottningen.

"Kan väl så tyckas", sade Odd, "men lika fullt längtar jag hem och jag är fast besluten att resa. Länge skall jag dock ej dröja borta."

Odd anträdde så färden med tvenne skepp och hundra man på hvarje. Utan några äfventyr landade han vid Rafnista. Där hade under tiden skett stora förändringar. Både hans fader och moder voro för länge sedan döda och Ragnhild, hans dotter med Ölver, hade kommit öfver från Irland och tagit landet i besittning. Hon hade gift sig med en mäktig man, men nu voro båda döda och deras son hade ärft riket.

När denne sporde att hans ryktbare morfader kommit på besök, tillredde han ett präktigt gille och mottog Odd på det vördnadsfullaste. Af alla ärades Odd högt. Alla

149

funno det märkligt att denna högresta gestalt med de gråa lockarna kunde vara samme Odd som vunnit så mycket pris för alla sina oförvägna bragder, och som de hört omtalas af sina förfäder. Odd var nu flere människoåldrar gammal. Han dröjde en half månad på Rafnista och beredde sig därpå till hemfärden; seglen hissades och kosan ställdes mot söder.

De kommo då att segla förbi Berurjoder och Odd sade: "Jag önskar se min fosterfaders gård och besöka mina barndomsdagars lekställen; låtom oss lägga i land här."

De gjorde så och Odd gick upp, följd af sina män. Länge ströfvade han omkring, visade dem hvar boningshuset stått, hvar skjutbanan och badstället varit och hvarest alla gamla lekplatser funnos.

Mycket var nu förändradt. Där det fordom varit präktiga, grönskande slätter, fanns nu bara ödemarker, och af boningshuset syntes ej ett spår.

Slutligen sade Odd: "Låtom oss nu segla hem. Valans spådom tyckes jag hafva undgått och ej var det ödets beslut att jag skulle brännas på Berurjoder."

Alla begåfvo sig ned mot stranden, men bäst de gingo raskt framåt snafvade Odd mot något hårdt.

"Hvad månne det kan vara", sade han och petade med lansen i jorden. Då blef ett hästhufvud synligt, och fram ur detta ringlade sig en orm som högg Odd i foten. Såret svullnade och blef allt svårare och svårare. Då sade Odd:

"Sitt öde undgår ingen. Jag vet nu att döden nalkas."

Odd kvad därpå ett härligt drapa, hvari han omtalade alla sina bragder och alla sina märkliga färder. När slutet på sången närmade sig, var Odd nära döden, och så fort han ändat sin sång dog han.

Han hade tillsagt sina män att de skulle bränna och höglägga honom på Berurjoder och som minnesmärke uppställa en väldig stensättning, hvilket de ock gjorde.

150

Därefter återvände männen till Hunaland och framförde Odds afskedssång till Silkessif som väl blef sorgsen öfver sin makes död, men sade att budskapet ej kom oväntadt, ty hon hade anat att han aldrig mera skulle återkomma, utan endast rest hem för att hvila i fädernejorden.

Silkessif styrde sedan riket i samråd med sina söner som alla voro tappra och ädla män.

FRITIOF DEN DJÄRFVE

Öfver Sognefylke i Norge härskade kung Bele. Han hade trenne barn, två söner, Helge och Halfdan, samt en dotter, Ingeborg, lika berömd för sin skönhet som för sin klokhet. Själfva kungsgården var belägen nere vid Sognefjorden. Strax bredvid låg ett tempel. Där funnos många gudabilder, men Balders ärades högst och efter honom hade templet och lunden fått namnet Balders hage. Allt och alla voro fridlysta där. Hvarken man eller kvinna kunde kränkas inom dess murar, och till och med djuren ägde skydd, om de befunno sig inom den höga skidgård som omslöt den heliga tempellunden. Midt emot på andra sidan Sognefjorden låg Framnäs som ägdes af kungens gode vän och vapenbroder Torsten Vikingson, hvilken rådde öfver en tredjedel af landet och städse bistod kungen med både gods och manskap, när så behöfdes. Torsten hade endast en son, Fritiof, hvilken redan i unga år erhållit tillnamnet "den djärfve" för sitt mod och sin tapperhet; han var därtill vänsäll och ädel. Den unge Fritiof uppfostrades af en rik odalbonde, Hilding, och hos honom fostrades äfven kung Beles dotter. De båda barnen växte upp tillsammans och fattade därunder stor kärlek till hvarandra. De båda kungasönerna åter vistades hemma hos fadern. Helge hade vuxit upp till en dyster offerman, och Halfdan var en glad, men lättledd och opålitlig yngling. Båda voro föga älskade af folket, under det alla enades om att Fritiof var den bäste mannen i landet. Fritiofs fader hade ett präktigt järnbeslaget skepp vid namn Ellida. Detta skepp hade femton åror på hvarje sida; och vid hvarje åra plägade en man sitta, men Fritiof tog plats i fören och rodde ensam med två åror, hvilka voro tretton alnar långa.

För sådana styrkeprof vann han mycket pris, men konungasönerna blefvo förbittrade och afundsjuka och önskade få tillfälle att förödmjuka Fritiof.

Kung Bele som var vorden gammal, kände sig sjuk och väntade på döden. Han sände då efter sina söner och talade till dem sålunda: "I sen att döden nalkas mig. Jag beder eder att troget hålla fast vid mina gamla vänner Torsten Vikingson och dennes son Fritiof, ty enligt mitt förmenande ären I dem ingalunda vuxna i mod och tapperhet. Efter min död skolen I uppkasta en grafhög öfver mig", sade han, och kort efter det han sålunda talat, dog han.

Ej långt efter blef Torsten sjuk. Äfven han samtalade länge med sin son och bad denne städse visa vänskap mot konungasönerna. Han bad ock att bli lagd i hög midt emot kung Bele nere vid stranden, så att de skulle kunna talas vid, när märkliga ting stundade. Kort därefter dog Torsten, och sonen uppkastade en hög öfver honom på den utsedda platsen.

Sedan tog Fritiof arf efter sin fader och styrde efter sitt eget godtfinnande. Han hade tvenne fosterbröder, Björn och Asmund, hvilka ständigt vistades på Framnäs. De voro modiga män och trogna vapenbröder; dock var Björn den främste. Kort efter den gamle Torstens död skulle Fritiof hålla gille för kungasönerna. Det var nämligen en gammal sed, att Torsten hvart tredje år haft gille för kungen och denne tvenne år å rad för sin fosterbroder. Fritiof mottog kungasönerna på det bästa och lade sig stor vinning om att visa dem vördnad och vänskap. Men likväl tyckte Helge och Halfdan att de ej ärades nog, utan att Fritiof försummade dem för att få samtala med Ingeborg som äfven var med. Uppfyllda af hat och bitterhet, lämnade de gillet.

Fritiof sade en dag till Björn: "Jag tycker mig vara föga ringare man än kungasönerna, ehuru jag ej har konungavärdighet. Jag har länge älskat Ingeborg, kung Beles dotter, och mig lyster nu fara till hennes bröder och bedja om hennes hand." Björn fann detta tal klokt. Fritiof jämte Björn och några utvalda kämpar följdes åt till Beles gård.

Vid framkomsten funno de Helge och Halfdan sittande på faderns grafhög, och Fritiof trädde genast fram, hälsade aktningsfullt och framförde sitt ärende.

Men kungarne svarade stolt: "Icke vilja vi gifva vår syster till en man som ej har konungavärdighet. Mäkta djärf synes oss din begäran och vi ämna ej lyssna till den."

"Då är mitt ärende snart uträttadt", sade Fritiof vredgad, "men jag beder eder ihågkomma att I aldrig skolen få någon hjälp af mig, i huru stor fara ert rike än må komma."

"Föga värde sätta vi på ditt bistånd", sade bröderna, och därpå drog Fritiof hem, mycket förbittrad öfver utgången af sitt ärende. Då kung Ring som rådde öfver Ringerike i Norge, sporde att Beles söner brutit med Fritiof, ansåg han sig stark nog att kräfva skatt af dem. Ring skickade sändebud till Sognefylke, med hälsning att dess konungar skulle betala skatt till honom eller ock skulle Ring med sin krigshär draga i härnad mot dem.

Bröderna svarade, att de ingen skatt ämnade betala, och med detta besked återvände sändebuden. Såväl Ring som bröderna rustade sig till strid, men när Helge och Halfdan hade sina män samlade, funno de sin här mycket liten och i sin nöd bådo de att Hilding, Fritiofs gamle fosterfader, skulle fara till Framnäs och bedja Fritiof om hjälp.

När Hilding steg in i salen, höllo Fritiof och Björn på att spela schack. Hilding framförde sitt ärende, men Fritiof låtsade ej alls märka honom, utan fortsatte spelet, sägande till Björn: "Jag fikar efter den röda kungsbrickan och har stor lust att vinna henne."

Hilding måste slutligen återvända med oförrättadt ärende. Men så mycket tyckte han sig kunnat märka af talet om den röda kungsbrickan, att Fritiof ingalunda vore vänligt sinnad mot kungasönerna och att han alltjämt hade sina tankar fästa vid att vinna Ingeborg.

Hilding rådde därför att bröderna skulle sända Ingeborg till Balders hage, under det de drogo i härnad mot kung Ring. Och de följde rådet.

Men knappt hade de dragit bort, innan Fritiof klädde sig på det präktigaste, påtog en kostbar guldring, ett arf efter fadern, och tillsade Björn att de skulle sätta Ellida i sjön.

"Hvarthän skola vi ställa färden?" frågade Björn.

"Till Balders hage att söka Ingeborg", svarade Fritiof.

"Icke är det klokt att uppväcka gudarnes vrede mot dig", sade Björn varnande.

"Jag skattar Ingeborgs kärlek högre än alla gudars ynnest", sade Fritiof.

Därpå seglade de till Balders hage, hvarest de funno Ingeborg. Hon blef mycket förfärad öfver Fritiofs djärfhet och sade honom att han helt visst skulle drabbas af gudarnes vrede, men Fritiof svarade, att han vågade trotsa allt och alla för att träffa henne.

Därpå samtalade de länge, och innan de skildes åt, utbytte de ringar till trohetstecken. Ingeborg erhöll Fritiofs dyrbara guldring och lofvade, att om deras lycka hotades, skulle hon sända honom ringen. Fritiof fick en af Ingeborgs ringar.

Helge och Halfdan hade under tiden mött kung Ring. Men när de funno huru öfverlägsen hans här var, bådo de om fred, och kungen beviljade den mot att de skulle betala honom skatt och gifva honom Ingeborg till maka samt dessutom tredjedelen af alla sina ägodelar. De måste gå in på alla villkoren, huru hårda de än syntes dem, och de kommo öfverens att Ring själf skulle hämta sin brud.

Därefter återvände bröderna hem.

Fritiof hade hvarje dag träffat Ingeborg. Och de hade kommit öfverens om att hon för att varna honom skulle hänga ett hvitt lakan högst på disarsalen, när hennes bröder kommit hem. En morgon då Fritiof kom ut, såg han det öfverenskomna tecknet och förstod då, att konungarne voro hemkomna.

Bröderna fingo snart veta att Fritiof besökt Ingeborg i Balders hage, och Helge sade: "Underligt tyckes mig, att Balder vill lida dylik smälek af Fritiof. Vi måste kräfva bot af honom för denna skymf." De sände ånyo Hilding för att framföra sin fordran, att Fritiof skulle segla till jarl Angantyr på Orkneyöarna och uttaga den skatt han allt sedan kung Beles död nekat att betala.

Fritiof sade sig vilja fara, dock endast för den vänskap som rådt mellan kung Bele och hans fader. Som han väl visste att bröderna ej voro att lita på, fordrade han fred för allt sitt gods medan han var borta. Detta lofvades och löftet bekräftades med eder. Ellida sattes i sjön och Fritiof, Björn, Asmund och många andra tappre kämpar stego ombord. Knappt hade Fritiof lämnat landet, innan bröderna bröto sina eder samt plundrade och brände Framnäs. Dessutom sökte Helge som utöfvade onda trollkonster, att i samråd med några völfvor uppväcka så stark storm att Fritiof med alla sina män skulle förgås.

Völfvorna uppväckte svår storm, snöyra och köld. Knappt hade Fritiof hunnit ut ur fjorden, innan den ena hvitfradgiga vågen efter den andra slog mot Ellidas järnbeslagna bog, och själfve Fritiof, den modigaste bland hjältar, sade dystert: "Vi tyckas få gästa den falska Rans salar; låtom oss dela denna ring, så att vi hafva gåfvor att bjuda Ägirs maka." Därpå sönderhögg han den ring Ingeborg gifvit honom och utdelade styckena till sina män.

Stormen tilltog. Snö och yrande skum hvirflade kring skeppet, åtta man spolades öfver bord och alla arbetade med att ösa ut vatten, så att Ellida ej skulle gå till botten. Då utbrast Björn: "Helt visst vållar oss Helge med sina onda trollkonster denna storm!" Fritiof gick själf upp i masten för att speja utåt sjön och fick då se en väldig, blåskimrande hval, på hvars rygg tvenne trollkvinnor sutto.

Hvalen sam intill skeppet och sökte välta omkull det. Fritiof ropade genast till Ellida som förstod människors tal: "Rid upp, min trogna Ellida, och klyf det onda trollet!"

Själf tog han en väldig järnstör och slungade mot den andra völfvan. De båda trollkvinnorna fingo så sin bane. Men hvalen sjönk i djupet och syntes ej mer.

Nu lade sig stormen, men de visste ej hvarest de befunno sig. Slutligen fastnade de på en sandbank och varsnade sedan att de under den rasande stormen drifvit fram till Orkneyöarna, målet för färden. Fritiofs kämpar voro så uttröttade att han själf måste bära åtta i land; Björn tog tre och Asmund en.

Under tiden hade vakten vid jarl Angantyrs borg sett att ett skepp under den svåra stormen kommit till kusten, och han omtalade äfven det styrkeprof han sett den ene af kämparne utföra.

Jarlen sade: "Det månde vara Fritiof den djärfve, min gamle vapenbroders son som utför dylika kraftprof. Mottagen honom väl."

Men knappt hade jarlen talat ut innan en af hans kämpar, berserken Atle, sprang upp, sägande: "Nu må Fritiof och jag pröfva vår styrka", och under höga härskrin ilade Atle, följd af sina män, ned till stranden, hvarest just nyss Fritiof med sina uttröttade män landat.

Atle rusade emot Fritiof, sägande: "Bed om frid eller ock låtom oss pröfva våra krafter i ärlig strid."

"Aldrig ämnar jag tigga någon om frid", svarade Fritiof stolt, och efter en kort brottning fälldes Atle till marken. Sedan gingo alla upp till jarlen, hvarest Fritiof dröjde vintern öfver hos Angantyr och de voro de bästa vänner. När det led fram mot våren, sade jarlen till honom: "Väl vet jag att du är kommen för att af mig kräfva skatt åt kung Beles söner. Någon skatt ämnar jag dock ej gifva dig, men du skall få rika vängåfvor af mig, du må sedan kalla det skatt eller gifva det hvad namn dig lyster." När Fritiof afseglade, medförde han också många dyrbarheter; bland dem en stor penningpung fylld med silfvermynt.

Hemfärden gick lyckligt. Så snart Fritiof landat, sporde han att hans gård var bränd och alla hans ägodelar sköflade.

Vredgad skyndade han att uppsöka kung Helge. Han fann denne i Balderstemplet, sittande vid offermåltiden. Fritiof trädde fram och slungade penningpungen rätt i ansiktet på kungen med sådan kraft att två framtänder flögo ut och Helge svimmade. Sedan vände sig Fritiof om för att gå ut, men varsnade då Helges drottning, på hvars arm Fritiofs ring blänkte, samma ring som han en gång gifvit Ingeborg. Nu återfordrade han den. Ingeborg hade ingalunda gifvit drottningen ringen, utan bedt henne lämna den till Fritiof, men hon hade funnit ringen så vacker att hon behållit den. Drottningen satt just och höll de med blod bestrukna afgudabilderna framför elden för att torka dem. Drottningen ville ej heller nu återlämna ringen. Den vredgade Fritiof släpade då drottningen långs golfvet, och afgudabilden hon haft i knäet föll i elden. Halfdans drottning skyndade till för att bistå sin svägerska, men äfven hennes gudabild antändes, och inom kort stod hela templet i ljusan låga. Fritiof hade tagit ringen och jämte alla sina trogna kämpar skyndat ombord på Ellida för att åter styra ut till hafs att där söka lycka och byte. Fritiof var nu en fredlös man, ty han hade kränkt gudarnas helgedom genom att bryta den fred som utlofvades åt allt och alla inom templets hägn.

Fritiof hade, innan han steg in till Helge, befallt sina män att borra kungens skepp i sank, ty han anade att denne skulle söka förfölja honom, och när kungen kom för att sätta efter Fritiof, hade han ej ett enda skepp att sätta i sjön.

Sedan seglade Fritiof med sina kämpar vida omkring hafven. Af vikingarne kräfde de stora skatterna, men köpmännen läto de i fred segla sin väg fram. Fritiof blef vida berömd för sitt mod och sin rättrådighet.

Slutligen greps dock Fritiof af en häftig längtan efter Ingeborg som redan länge varit kung Rings maka. Han styrde färden till Norges kuster och landsteg ensam i närheten af Rings kungsgård. Sina män stämde han till möte den följande våren på samma ställe. Själf ämnade Fritiof att förklädd begifva sig till Ring och söka få se Ingeborg.

Han insvepte sig därför i en vid vargskinnskappa, tog en stor luden skinnmössa på hufvudet, drog ned den djupt öfver ansiktet och gick så stödd mot tvenne kryckor fram till kungsgården. Han steg in i salen, hälsade ödmjukt och stannade längst nere vid dörren. Men fast han gick så lutad, var han dock högre än kungens män. Ring varsnade den främmande och tillsade en af sina svenner att spörja honom om namn, ärende och hemvist. Fritiof svarade: "Jag heter Tjuf, hos ulfven var jag i natt och Ånger heter mitt härad." Med detta svar återvände svennen. Kungen fann svaret bra, men drottningen harmades öfver att hennes make skulle bekymra sig om hvarje främling som trädde in i salen.

Ring tillsade därpå en sven att bedja den nykomne träda fram, så att kungen själf finge spörja honom. Fritiof steg fram, men gick alltjämt lika nedböjd. När han kommit framför kungen, hälsade han ödmjukt, och Ring sporde honom om namn, hemvist och ärende. Fritiof svarade ännu en gång: "I ånger är jag uppfödd, hos ulfven var jag i natt, hugen bragte mig hit, mitt hem har jag ingenstädes."

Kungen anade dock att denne man var för mer än han uppgaf sig vara och sade:

"Afkasta din förklädnad och tag plats här bredvid mig."

Fritiof afkastade då kappan och där stod en högrest man iförd en kostbar blå dräkt med ett bredt silfverbälte om midjan.

Ingeborg rodnade starkt, när hon varsnade Fritiof, men både hon och konungen låtsade sig ej känna igen honom. Fritiof stannade hela vintern som gäst hos dem.

En gång skulle kung Ring och Ingeborg fara på gästabud, och trots Fritiofs varningar togo de vägen öfver den osäkra isen.

Fritiof följde dem på skridskor. Men långt hade de ej åkt, innan isen brast och så väl häst som släde kommo uti, men då grep Fritiof tag uti släden och slängde upp den igen.

Ring sade endast: "Det skulle ej Fritiof den Djärfve gjort bättre."

Om våren skulle Ring draga ut på jagt, och Fritiof var med. När de kommit ut i skogen, sade kungen att han var trött, lade sig ned och somnade helt lugnt. Fritiof stannade hos honom. Under det den gamle kungen slumrade, vaknade mörka tankar hos Fritiof och onda röster inom honom hviskade att han nu borde döda kungen och taga hans maka, sin ungdoms brud. Men Fritiof kastade bort svärdet och dröjde lugnt kvar. Kort efter reste sig kungen, sägande: "Jag vet att mörka tankar runno dig i sinnet, medan jag hvilade, men du har stridit manliga med dig själf. Jag har känt dig sedan första afton du steg in i min sal. Låtom oss vara vänner, Fritiof."

Fritiof svarade: "Gästfritt och vänligt hafven I mottagit mig, men jag kan ej längre dröja hos eder, ty jag har stämt mitt folk mig till möte på våren."

Därpå redo de hem, och konungen omtalade för sina kämpar att Fritiof den Djärfve som gäst vistats ibland dem hela vintern.

Tidigt följande dagen uppsökte Fritiof kung Ring för att taga farväl och tacka för god vintergästning.

Kungen bad honom stanna kvar och värna riket åt de båda små kungasönerna, "ty", sade Ring, "jag är gammal och känner mig nära döden. Min drottning vill jag gifva dig, ty endast dig unnar jag äga henne."

Fritiof stannade, och kort därefter dog den gamle kung Ring. Graföl dracks efter honom och på samma gång drack Fritiof bröllop med Ingeborg.

När Ingeborgs bröder sporde att deras syster blifvit Fritiofs maka, rustade de sig till strid och drogo till Rings rike. Fritiof mötte dem med sin här och gick som vanligt främst i striden. Han och kung Helge möttes och efter en kört strid föll Helge. Därefter vände sig Fritiof mot Halfdan som fick välja mellan att dela Helges öde eller att underkasta sig och betala Fritiof skatt. Han valde det senare. Fritiof antog kunganamn i Sognefylke, men lämnade Ringerike åt Rings båda minderåriga söner.

Med Ingeborg hade han två söner som båda blefvo ryktbara konungar.

STARKADER

Det bodde i Norge en illslug jätte kallad Starkader. Denne hade åtta armar och fäktade med fyra svärd på en gång. Starkader bortröfvade en fager konungadotter vid namn Alfhild. Hennes fader kallade då på Tor och lofvade honom rika gåfvor, om han återförde Alfhild.

Tor befriade tärnan ur Starkaders våld, och så betagen blef guden i hennes skönhet, att han själf ville äga henne. Men Alfhild älskade Starkader och ville ingalunda svika sin kärlek. Häröfver vredgades Tor högeligen.

En tid efteråt födde Alfhild en son. Denne kallades Storverk och liknade både far och mor. Han var vida större än människors barn pläga vara och hade långt svart hår, men på samma gång hade han sköna anletsdrag. Redan i unga år drog han ut på vikingatåg och vann rykte och ära.

Hans son var "Starkader den gamle" som fick namn efter sin farfader. Äfven denne hade liksom sin farfar flere armar, sex sades det, men Tor bortryckte fyra, så att han sedan endast hade två.

Starkader var blott trenne vintrar gammal, då hans föräldrar dogo. Han uppfostrades hos kung Harald på Agde tillsammans med dennes son Vikar. Men det dröjde ej länge innan kung Harald blef öfverfallen och dödad af kung Hertiof från Hördaland, en son till Fritiof den Djärfve och Ingeborg, och både den unge konungasonen och Starkader bortfördes i fångenskap.

Vikar blef af Hertiof satt till jarl öfver en del af riket, och Starkader kom till en man vid namn Grane, hos hvilken han stannade i nio år. En morgon kom Vikar till Granes gård och steg in i salen. Där fann han den unge Starkader som låg halfsofvande framför elden. Den tolfårige gossen var stor och stark, med skägg på hakan, men hans förstånd syntes föga utveckladt, och Vikar tyckte att den unge jätten låg i ide likt björnen. Vikar väckte honom, gaf honom kläder och vapen samt bjöd honom följa sig. Så gingo de ombord på Vikars skepp, hvarest flere andra kämpar samlades, och seglade till Hertiofs borg. Den försvarades af 70 man, och Vikar hade ej mer än 13, men trots detta segrade han, intog borgen samt underlade sig alla Hertiofs länder.

Sedan drogo Vikar och Starkader ut på vikingatåg. Otaliga voro de segrar de vunno, och Starkader blef sin konungs främste man.

Under en af sina vikingafärder fingo de motvind. Slutligen tröttnade de att ligga stilla och sökte genom trolldom utröna hvad som var orsaken. Det visade sig då att Odin vredgades på dem och kräfde en man som offer. De kastade lott om hvem som skulle offras, och lotten föll på kung Vikar själf. Alla förstummades af fasa och man beslöt att den följande dagen hålla rådplägning.

Vid midnatt väcktes Starkader af sin fosterfader Grane som tillsade honom att följa sig. De stego i en båt och rodde öfver till en liten ö, hvarest de gingo upp i skogen. Inom kort kommo de till en öppen plats, där en stor mängd människor voro samlade till ting. Tolf stolar stodo i ring och på elfva af dem sutto män, men den tolfte var tom. På den tog Grane plats, och alla de samlade hälsade honom som Odin.

Odin sade, att nu vore han och de öfriga gudarne komne samman for att bestämma Starkaders lefnadsöden.

Tor tog då till orda: "Hans farmoder föredrog en jätte framför Asa-Tor, han skall därför aldrig få hvarken son eller dotter, utan varda den siste af sin ätt."

Odin svarade: "Han skall lefva i trenne människoåldrar."

"Men i hvar mansålder utöfva ett nidingsdåd", tillade Tor.

Odin fortsatte: "Jag skänker honom de bästa vapen och kläder."

Tor inföll: "Men han skall aldrig äga hvarken hem eller land."

163

"Han skall dock hafva öfverflöd på gods och guld", sade Odin.

"Men aldrig tycka sig hafva nog", svarade Tor.

"Seger och klokhet skola städse följa honom", sade Odin.

"Men han skall aldrig komma ur striden utan svåra hugg och sår", svarade Tor.

"Jag gifver honom skaldegåfvan för att han må kunna dikta om sina bragder och tala väl och öfvertygande", sade Odin.

"Men aldrig skall han minnas hvad han sagt", tillade Tor.

"Den högsta ära och aktning skola de yppersta kungar och höfdingar skänka honom", sade Odin.

"Men städse skall han varda hatad af menige man", tillade Tor.

Därefter stadfäste de öfriga gudarne denna dom, och så skildes de åt. Grane och Starkader återvände till skeppen.

Under vägen sade fosterfadern: "Till tack för mina goda gåfvor fordrar jag nu att du skänker mig kung Vikar."

Detta lofvade Starkader, och då fick han af Odin ett spjut som för vanliga ögon såg ut som en liten obetydlig trädgren; med detta spjut skulle han döda Vikar.

Om morgonen samlades hela hären till rådslag om den sorgliga lott som dagen förut fallit på kung Vikar, och Starkader var äfven med om öfverläggningen.

Strax i närheten stod en liten fura, från hvilken en gren sköt ut öfver en murken trädstubbe, och några svenner höllo just på att slakta en kalf i närheten. Starkader steg upp på stubben, tog kalftarmarne, kastade upp dem öfver trädgrenen och sade skämtsamt:

"Nu, herre konung, har jag rest dig en galge; stig upp, så att jag må lägga snaran om din hals."

Vikar svarade: "Föga farlig synes mig denna galge, men må ödet råda; ingen äger rätt att klaga öfver dess beslut", och så steg han upp.

Starkader lade snaran om konungens hals, steg ned från stubben och släppte grenen som flög upp; i det samma stack han Vikar med grenen, sägande: "Nu gifver jag dig till Odin."

Men då förvandlades den lilla kvisten och blef till ett stort spjut som genomborrade kungen, och snaran förvandlades till ett starkt band. Kungen blef verkligen genom detta svek dödad.

Detta blef Starkaders första nidingsdåd. Och så bittert ångrade han sig, att han drog bort från Norge och säges aldrig mera blifvit sedd där.

Under mångfaldiga strider och äfventyr ströfvade han omkring i Bjarmaland och Gardarike och kom slutligen till kung Frode i Danmark, om hvilken det sades, att han genom sin stora gifmildhet samlat Nordens bästa kämpar omkring sig. Hos honom stannade Starkader i flere år. Han blef god vän med kungens broder, Ale, och de företogo många härfärder tillsammans.

Ale hade tillvällat sig Sverige, och Frode fruktade för hans växande makt. Frode öfvertalade därför Starkader att mot en stor penningsumma och flere dyrbarheter döda sin forne vän och vapenbroder. Starkader drog alltså till Sverige och blef väl mottagen af Ale.

En gång när Ale, trött och varm efter en jakt, gick i badet, följde honom Starkader, fast besluten att nu utföra dådet. Ale gick helt lugnt i badet. Starkader närmade sig honom, men vek förfärad tillbaka för Ales skarpa ögon. Ale som visste att få kunde uthärda blicken från hans ögon, satte handen för och bad vännen att närma sig. Starkader gjorde så, men stötte då lömskt svärdet i Ale.

Ale förstod hvarifrån detta svek kom, ty han kände väl sin broder Frodes afund, och med ett leende på läpparna gick den tappre hjälten att gästa Odins salar.

Men bittert fick Starkader ångra sitt nidingsdåd, ty hans onda samvete dref honom äfven nu omkring i världen, och så snart någon endast nämnde Ales namn, brast han i gråt.

Emellertid blef kung Frode innebränd af sina fiender och efterträddes af sin son Ingild. Han var en ostadig och veklig konung. Vid hans hof vimlade det nu af kockar, flöjtspelare och grannt utstyrda bordsvenner, i stället för af bistra, brynjeklädda kämpar, och borden dignade af läckra rätter. De väldiga stekarna och det välkända fläsket ersattes nu af höns; fina bakverk, aldrig tillförene sedda i Norden, framsattes; mjödet dracks ej längre ur horn utan ur fina silfverbägare, och maten frambars på målade fat. Ingild gifte sig äfven med en syster till sin faders mördare, i stället för att hämnas hans död. Ryktet om Ingilds dådlösa lif nådde slutligen till Starkader som vid denna tid vistades i Sverige. Han drog då till Danmark, utom sig af harm, och sökte väcka kungen ur hans veklighet, men med föga framgång.

Förgrymmad återvände Starkader till Sverige. Men länge dröjde det ej innan han kallades till Danmark för att värna landet.

Från Norge hade kommit en ung fursteson vid namn Helge, för att fria till konungens syster Helga, och han hade äfven erhållit hennes ja. Han hade kommit på ett präktigt skepp med guldbroderade segel, förgyllda master och tåg af rödt silke. Men samtidigt friade till Helga en berömd viking, Angantyr, och han hade åtta bröder, alla väldiga kämpar som voro redo att bistå sin broder. När de funno att kungadottern skänkte Helge sin kärlek, utmanade de den unge fursten till strid. Helga bad honom söka hjälp hos Starkader, och Helge ilade till Sverige.

Han sände bud i förväg och inbjöd den gamle Starkader till "kung Frodes dotters bröllop", men så när hade det gått sändebuden illa, ty i sin vrede öfver att ånyo endast höra talas om gillen och fester vid det danska hofvet, höll Starkader på att slå ihjäl dem. Under tiden anlände emellertid Helge och framförde sitt ärende. Starkader lofvade honom sin hjälp.

Helge och hans följe återvände genast. Först några dagar senare bröt Starkader upp, men så snabb var hans resa, att de samtidigt anlände till danska hofvet. Helge och hans män hade användt tolf dygn till resan och Starkader endast ett. När Angantyr och dennes bröder fingo se Starkader, kom berserkaraseriet på dem och de tjöto likt ilskna hundar, men Starkader utmanade till kamp så många som vågade möta honom. Därefter firades Helges och Helgas bröllop. Starkader höll själf vakt utanför deras dörr hela natten; svärdet hade han satt tvärs öfver dörren som bom.

Tidigt om morgonen skulle striden stå.

Framkommen till mötesplatsen satte Starkader sig på en kulle midt i skarpaste blåsten, i snö ända upp till axlarna, och aftog helt lugnt sin kappa som om det varit mildaste vårväder. Under det Starkader hvilade sig, anlände bröderna. De togo plats i lä nedanom kullen och uppgjorde genast en eld för att värma sig, medan de väntade. En af dem gick upp för att se, om Starkader vore kommen, och när han fick se den gamle kämpen sitta där utan kappa i snö upp till axlarna, midt i skarpaste blåsten, blef han mycket förundrad.

Bröderna gingo nu att möta Starkader och sporde, om han ville strida med en och en i taget, eller om de alla skulle anfalla honom på en gång?

"När jag anfalles af en flock arga hundar, slår jag helst i hela hopen", svarade Starkader.

Alla nio rusade då under höga skrin mot Starkader, och han fällde sex af dem till marken, utan att själf blifva sårad. Med de tre sista fick han en hård kamp; dock föllo äfven de. Men Starkader hade då själf erhållit sjutton svåra sår, bland dem ett i magen, så att inälfvorna föllo ut.

Utmattad släpade han sig bort till en sten, mot hvilken han stödde sig så tungt, att märken efter hans jättestora kropp kunde ses århundraden därefter. Sedan han suttit en stund, kom händelsevis en bonde körande.

167

Starkader bad att få åka med honom fram till kungsgården, och sedan han först bundit om sin mage med starka vidjor, tog han plats i vagnen, och i åkelön fick bonden hans dyrbara pälskappa. "Jag har föga bruk för dylik grannlåt", sade den gamle kämpen.

Efter väl förrättadt värf återvände Starkader till Sverige, men ännu en gång sökte han därefter förmå den veklige kung Ingild att hämnas sin faders död, och ej lefva i fred och vänskap med dennes mördare.

Med en säck kol på ryggen och iklädd en usel dräkt vandrade Starkader till Danmark, och när någon sporde honom hvad koler skulle vara till, svarade han: "Med dessa kol skall jag söka få kung Ingilds samvete att glöda."

När Starkader kom fram till konungaborgen, steg han in i salen, där han intog sin vanliga plats längst fram bredvid kungssätet. Kungen var ej hemma, när hans gamle fosterfader kom, och drottningen som ej kände igen honom i hans tiggarlika dräkt, tillsade honom strängt att taga plats längst ner vid dörren, på det han ej skulle smutsa ned de dyrbara bänkbonaderna.

Starkader reste sig då upp och gick ned till främlingsbänken. Men så vredgad var han öfver denna skymf, att han satte sig ned med sådan fart, att hela huset skalf, när han stödde ryggen mot väggen.

När Ingild hemkom från jakten, betraktade han förundrad den väldige kämpen som ej visade konungen några ärebetygelser, ja, ej ens hälsade honom i hans egen sal. Men sedan igenkände han, trots den usla dräkten, sin fosterfader, och bad genast drottningen söka blidka den gamles vredgade sinne. Men alla hennes bemödanden voro fåfänga. Kungen anvisade Starkader plats närmast sig själf, men när aftonmåltiden skulle intagas, vägrade Starkader att smaka en enda af de fina rätter som framburos, utan åt bara rökt och salt kött, och ej heller ville han tömma en enda bägare mjöd.

Drottningen sökte på alla sätt mildra hans vrede, men den endast ökades af hennes bemödanden. Hon räckte honom slutligen en dyrbar armring som hon själf burit.

Men Starkader svarade: "Slik gåfva visar mera förakt än heder och föga passar dylikt kvinnobjefs till mitt af svärdshugg fårade anlete", och så kastade han ringen i ansiktet på drottningen.

Allt mer och mer växte hans vrede, när han tänkte på att hans vän, den gamle kung Frode, var ohämnad och att en syster till hans mördare satt som Ingilds maka och drottning i Danmark.

Slutligen bad drottningen att en flöjtspelare skulle framkallas för att med sitt spel söka lugna den gamle kämpens sinne. Men knappt hade denne börjat spela, innan Starkader fattade ett väldigt oxben och slungade rakt i ansiktet på flöjtspelaren, hvars uppblåsta kinder genast föllo ihop, och i förskräckelsen tappade han sin flöjt.

Ingild själf sökte blidka sin fosterfader genom att bjuda på en kostbar rätt, tillredd enkom för kungens räkning. Men då nådde Starkaders vrede höjdpunkten. Han reste sig upp, och i ett ljungande kväde förehöll han konungen alla hans fel huru oädelt det var att ej hämnas sin faders död; huru han slutit vänskaps- och frändskapsband med mördarne; huru han infört främmande seder vid sitt hof och huru veklighet och frosseri kommit i stället för den gamla tapperheten och enkelheten.

Slutligen greps Ingild af sången, hans samvete vaknade; med draget svärd rusade han mot sina svågrar och dräpte dem.

I en ny sång prisade Starkader sin fostersons mod, manade honom att förskjuta sin drottning, att vända åter till sitt lands enkla seder och att ej låta vällust och praktlystnad råda vid sitt hof. Kung Ingild förblef sedan en värdig efterträdare till sina tappra förfäder. Först efter en lång mellantid höra vi nu åter talas om Starkader i det ryktbara Bråvallaslaget, där han var en af de yppersta kämparne.

BRÅVALLA SLAG

När kung Harald Hildetand i Danmark begynte åldras, gjorde han sin frände, den unge konung Ring, till höfding öfver hären. Slutligen utnämnde han honom till underkonung i Uppsala och gaf honom hela Svearike jämte Västergötland att råda öfver. Själf behöll han Danmark och Östergötland.

Harald hade slutligen blifvit så gammal, att han ej kunde gå och ej heller äta, utan han diade ur horn alldeles som ett spädt barn.

Odin ville ej att en af hans yppersta hjältar skulle dö obemärkt, och kung Harald själf önskade ej högre än att under vapenbrak och strid få gå till Odins sal och komma med stort följe till Valhall.

Harald hade en trotjänare vid namn Brune. Odin påtog sig dennes gestalt och eggade så Harald till strid mot sin frände, kung Ring.

Harald bad då sin frände Ring att samla så mycket folk han kunde ur sina riken. Själf samlade Harald danskarnes hela härsmakt, och det vardt en makalös skara. Hans flotta var så stor att den räckte från Seland till Skåne, och man kunde gå på skeppen såsom på en brygga. Efter så stora tillredelser kunde man vänta sig en dråplig strid.

På ömse sidor funnos de yppersta kämpar.

I Haralds här befunno sig de beryktade Jomsvikingarne jämte flera sköldmör, vida berömda för mod och tapperhet. Främst nämnas sköldmöarna Veborg, Visna och Hede.

Visna och hennes sköldmör buro små sköldar, långa svärd och blåglänsande brynjor.

Äfven kung Ring hade många ryktbara kämpar. Främst bland dem nämnas Starkader och Orvar Odd.

De båda väldiga härarne möttes på Bråvalla hed i Östergötland, och där utkämpades den största strid som Nordens sagor hafva att förtälja om.

Den danska hären som kommit sist, började striden. Den var svinfylkad, och sköldmön Hede anförde den högra flygeln och en beryktad kämpe den vänstra. Sköldmön Visna förde hufvudbaneret. Nio skalder voro redo att i kväden tälja de kämpandes bedrifter.

Kung Ring förmanade sina kämpar att vara lugna och ej blåsa till anfall i lurarne, innan den gamle kung Harald syntes på sin stridsvagn långt framme vid hufvudbaneret. Slutligen syntes Harald. De båda kungarne eggade sina män till strid. Nu ljödo lurarne och stridsropen skallade. Spjut och pilar klöfvo luften, himlen förmörkades af väldiga stoftmoln som rördes upp af de framvältrande massorna, vapenbrak och högljudda stridsrop fyllde luften; likt en sky steg imman från de fallnes blod mot himlen. När spjut och pilar voro slungade, grep man till svärden och de med järnpikar besatta klubborna. Blod flöt i strömmar, och månget härligt envig utkämpades.

Främst i Haralds led gick Ubbe från Frisland; kämpe efter kämpe föll för hans svärd.

Då kallade kung Ring på Starkader, och de båda stridskämparne möttes. Men Starkader erhöll sex svåra sår utan att lyckas ge Ubbe ett enda. Lika stark och obruten stormade han fram i Rings led. Slutligen siktade Rings beryktade bågskyttar på honom, och genomborrad af tjugu pilar sjönk han till marken.

Sköldmön Veborg gick nu mot Starkader och gaf honom ett hugg öfver kinden och hakan, så att hakan klöfs; Starkader måste bita i skägget för att kunna hålla den fast. Veborg fick dock snart banehugget af en annan kämpe.

Oaktadt sina många sår stormade Starkader fram och fällde mången man. Slutligen gick han mot sköldmön Visna som bar baneret.

Hon utropade: "Nu är dödsraseriet kommet på dig och visserligen skall du nu dö."

"Förr skall du fälla kung Haralds stridsmärke", utbrast Starkader; med detsamma högg han af hennes hand, så att hon fällde baneret. Därpå fortsatte han sin väg.

Slutligen tycktes Ring få seger genom sina bågskyttar, och Haralds män begynte vika. Den gamle blinde kungen sände då Brune för att se hur fiendens led voro ordnade. Inom kort återvände Brune och omtalade, att äfven Rings här var svinfylkad i samma goda ordning som den danska. Då utbrast Harald: "Hvem har lärt honom det? Endast mig har Odin lärt denna konst. Månne härfadern ej mer vill skänka mig seger? Är det hans vilja att jag skall falla, så låt mig falla i spetsen för hela min här; alla mina män skänker jag Odin."

Därpå grep han tvenne korta svärd, och med ett i hvardera handen lät han styra sin stridsvagn rätt in i fiendens led.

Den blinde kungen högg omkring sig af alla krafter. Slutligen lyfte Brune, hans egen körsven, sin spikbeslagna klubba och gaf honom banesåret. Och Brune var ingen annan än Odin själf.

Sedan kung Harald fallit, höjdes fredssköld, och den följande dagen lät kung Ring söka efter sin fallne frändes lik som han fann under en hög af döde.

Harald lades på sin stridsvagn, och dragen af Rings egen häst kördes han in i grafhögen, dit äfven Rings präktiga sadel inbars, "ty", sade Ring, "då kan min frände åka eller rida till Odins sal, allt som det honom lyster".

Åt det öfriga folket restes ett högt bål. Haralds eget skepp och flere stridshästar lades därpå jämte alla de fallne kämparne, hvarefter bålet antändes.

Därpå bad Ring sin ädle frände "att rida främst från valen i spetsen för den tappra hjälteskaran och bereda rum i gudars boningar".

Sedan gingo alla de sörjande kämparne rundt kring bålet, och hvar och en af dem kastade någon dyrbar ring i lågorna som afskedsgåfva åt de fallne hjältarne och stridskamraterna.

Nu var Starkaders bästa och sista strid utkämpad och den gamle hjälten drog omkring grå och böjd af år. Förgäfves hade han sökt döden i otaliga drabbningar, och huru svårt sårad han än blifvit i hvarje, kunde han likväl ej finna döden. Ålderdomen tryckte honom hårdt, och han måste stödja sig mot tvenne kryckor för att kunna gå. Äfven synen började fördunklas. Sorgen öfver Ales mord lämnade honom ingen ro. Omgjordad med tvenne svärd och det förrädiska guldet i en säck på ryggen, vandrade han omkring för att med dessa syndapengar köpa sin död. Sent omsider mötte han en ung kämpe vid namn Had. Denne som ej igenkände Starkader, tillsade två af sina svenner att jaga bort den gamle orkeslöse gubben. Men Starkader slog ihjäl dem båda två med sina kryckor.

Förundrad kom Had själf fram för att se hvem denne starke gubbe kunde vara och sporde gäckande: "Vill du ej byta bort dina svärd mot en vagn, du synes tarfva den bättre?"

Starkader kvad då en härlig sång, hvari han prisade sina bragder och sin ungdoms fröjder och huru han sörjde öfver att nu vara gammal och grå och nödgas lida smälek af andra utan att kunna försvara sig.

Had sade nu sitt namn, ty han förstod att det var "Starkader den gamle" han sammanträffat med. Starkader blef glad öfver mötet, ty han ihågkom att han för länge sedan dräpt Hads fader, och sade nu till Had att det var dennes plikt att hämnas sin faders död på Starkader. Med gladt mod och med döden för ögonen kvad Starkader ännu en sång.

Han räckte därpå Had sitt ena svärd och sade: "När du afhuggit mitt hufvud, så spring mellan detta och kroppen, du skall då blifva osårbar i alla strider." Starkader kunde nämligen ej ens i själfva dödsstunden underlåta att visa sig svekfull.

Men Had lydde ej rådet, ty han insåg väl att han då skulle blifvit krossad af den jättestora kroppens tyngd, utan han sprang i stället försiktigt åt sidan.

Had begrof sedan den döde kämpen vid Velinge bro i Skåne och reste ett väldigt stenkummel på hans graf, och så ändades Starkaders skiftesrika lif.

RAGNAR LODBROK OCH HANS SÖNER

TORA BORGARHJORT

I Götaland härskade en mäktig jarl vid namn Herröd. Han hade en dotter, Tora, med tillnamnet Borgarhjort, emedan hon i skönhet öfvergick alla kvinnor, lika mycket som hjorten i skönhet öfverglänser alla skogens djur.

Jarlen älskade sin dotter högt och hade låtit uppföra åt henne en jungfrubur, omgifven af en hög skidgård, alldeles invid sin egen sal. För att glädja henne ditsände han för hvarje dag någon gåfva. En gång fick hon en liten svart och hvit lindorm. Tora blef mycket glad och lade ormen i en ask på en bädd af guld. Ormen växte och i kapp med honom växte guldet. Snart fick ormen ej rum i asken, utan ringlade sig rundt kring den. Ja, inom kort rymdes hvarken han eller guldskatten i jungfruburen, utan ormen låg i ring utomkring den.

Men i samma mån som ormen tilltog i storlek, tilltog äfven hans ilska, och slutligen vågade ingen nalkas jungfruburen, utom de män som bragte honom föda; i hvarje mål tarfvades en hel oxe. Jarlen själf kunde ej besöka sin dotter, och detta förtröt honom. Han lofvade då att den som kunde döda ormen, han månde vara hög- eller lågättad, skulle erhålla Tora till maka, och allt det guld ormen gömde skulle blifva brudgåfva.

Löftet spordes vida omkring, men ingen vågade anfalla odjuret.

RAGNAR LODBROK

Ragnar Lodbrok var son till den mäktige Sigurd Ring. Redan som barn kunde man se på honom att han skulle blifva en berömlig man. Som liten gosse var det hans käraste nöje att lyssna till skaldernas kväden om forna bragder, och i sitt sinne beslöt Ragnar att själf utföra månget hjältedåd.

Han växte upp till en skön, reslig ungersven, med stort mod och mycket mannavett. Så snart han blifvit vuxen, erhöll han både manskap och drakar af sin fader och begynte strax sina vikingatåg.

Äfven Ragnar hade sport Herröd jarls löfte, men låtsade ej därom. I hemlighet lät han dock förfärdiga sig en egendomlig klädnad af ludet skinn. Denna dräkt doppades i kokande beck, sedan fick den hårdna. Därpå seglade Ragnar till Götaland och lade till i en liten undangömd vik, ej långt från jarlens gård. Tidigt en morgon stod han upp, iklädde sig skinndräkten och gick i land. Där vältrade han sig i den fina hafssanden, så att klädnaden blef alldeles öfversållad med sand och ännu hårdare. Så rustad gick han fram till gården. Hans vapen var ett stort spjut, på hvilket han borttagit nageln som fasthöll skaftet.

Utan hinder nådde han fram till jungfruburen, hvarest alla ännu lågo i djup sömn. Så fort han blef ormen varse, ände han spjutet i honom. Hastigt ryckte han ut det och stötte det ånyo i ormens rygg med sådan kraft, att spjutet gick af och blef fastsittande i såret. Ormen vred sig så hårdt i dödskampen att hela borgen skalf och Tora vaknade af det stora gnyet.

Ragnar återvände därpå till skeppen, men Tora varsnade honom och sporde hans namn. Utan att vända sig om kvad han:

> *"Mitt frejdade lif jag frestat*
> *för dig, du fagra kvinna!*
> *Fältets fisk har jag stungit*
> *blott femton vintrar gammal."*

Därpå gick han. Spjutet fick sitta kvar, men skaftet medtog han.

När jarlen vaknade om morgonen och fann ormen död, blef han mycket glad. Han lät genast borttaga spjutet. Det var så stort och satt så fast i såret att hans män hade stor möda att få det loss.

Jarlen ihågkom sitt löfte. Men han var ej viss på om någon dödlig kunnat utföra detta hjältedåd, utan begynte frukta att någon vätte gjort det. Han rådgjorde med sin dotter. Tora bad honom sammankalla folket till ting och med sin vrede hota dem som ej åtlydde kallelsen. "Jag är viss på att den rätte mannen skall nog då komma och kräfva lönen", tillade hon.

Jarlen fann rådet godt, lät utlysa tinget och ännu en gång kungöra, "att hvem det än vore som dödat ormen, skulle han dock erhålla Tora till maka". När Ragnar sporde att jarlen utlyst ting för att finna ormens baneman, drog han dit åtföljd af sina män. Väl framkomna till tingsplatsen funno de stora skaror af folk samlade, och jarlen tackade dem just för att de hörsammat kallelsen.

Ragnar och hans män togo plats litet afsides.

Sedan jarlen slutat tala, tillsade han att spjutet skulle frambäras och uppvisas för hvar man; den som då kunde framvisa skaftet, vore rätte mannen.

Spjutet gick laget rundt, utan att någon visade sig vara ägare därtill. Slutligen kom det till Ragnar, och denne framtog genast skaftet. Nu kunde hvar man se hvem ormens baneman var, och Ragnar erhöll mycket pris för detta mandomsprof. Han blef vida berömd i hela Norden och fick tillnamnet "Lodbrok" som minne af sin brokiga skinnklädnad. Därefter firade Ragnar och Tora bröllop och han älskade henne öfvermåttan högt.

Under tiden hade Ragnars fader dött, och sonen tog riket i arf. Tora följde sin make hem, och de trifdes godt samman. De hade tvenne söner, Erik och Agnar, hvilka båda växte upp till stora, berömliga män.

Länge fick dock ej Ragnar njuta af sin lycka, ty Tora blef sjuk och dog. Häröfver sörjde Ragnar så djupt, att han ej längre förmådde vara hemma och styra riket, utan lämnade det åt sina söner, hvilka med hjälp af Ragnars trogna vänner skulle styra det.

Därpå drog han ånyo ut i härnad för att söka glömma
sin djupa sorg.

RAGNAR FINNER KRAKA

En sommar hade Ragnar styrt till Norge, hvarest han
hade både fränder och vänner. Han steg i land i en liten
vik. Strax bredvid låg en gård, kallad Spångarhed.
Han sände sina matsvenner i land att baka. De funno
den lilla gården som syntes dem lämplig, och de gingo in
för att begära hjälp med bakningen. Där funno de en
gammal, öfver måttan ful gumma. Svennerna frågade,
om hon vore matmor på stället.

"Ja, väl är jag husfru här", svarade hon, "och jag kal-
las Grima, ett föga vanligt namn. Men hvad ären I för
folk och hvad är edert ärende?"

"Vi äro Ragnar Lodbroks matsvenner och hafva
kommit hit för att bedja dig om hjälp med vårt brödbak",
svarade svennerna.

Grima sade: "Nu äro mina händer styfva och ovana
vid slikt arbete. Men äfven jag har en gång varit ung, fa-
ger och flink i händerna, fast ingen nu kan se det på mig.
Jag har dock en dotter, vid namn Kraka, hon brås på
mig. Nu är hon ute och vallar vår hjord, men mot kvällen
kommer hon hem. Af henne kunnen I få hjälp."

Kort efter trädde Kraka in i stugan. Hon hade tvått
och kammat sig och var så strålande vacker, att sven-
nerna aldrig tyckt sig sett fagrare mö.

Grima som ej var Krakas verkliga moder, hade för-
bjudit Kraka både att kamma sitt långa, guldgula hår och
att två sig, emedan hon fruktade att folk då skulle för-
undra sig öfver hennes skönhet. Men denna gång hade
Kraka ej frågat efter förbudet, utan så snart hon varsnat
drakskeppen inne i viken, hade hon begynt två och
kamma sig.

Svennerna bådo Kraka om hjälp med bakningen och
hon ältade degen åt dem; grädda brödet skulle de göra
själfva. Men svennerna kunde ej taga sina ögon från

Kraka och glömde bort brödet som blef alldeles uppbrändt.

När svennerna kommo till skeppen med sitt uppbrända bröd, fingo de stränga förebråelser af Ragnar som sade att de voro värda straff, emedan de så förstört allt brödet.

Då omtalade svennerna att de bakat brödet i en stuga och där funnit en tärna, så fager, att själfva Tora Borgarhjort ej varit vackrare. De hade alldeles glömt bort brödet, så hade de sett på henne.

Ragnar svarade, att förvisso funnes ingen så skön som Tora. Men svennerna vidblefvo sitt påstående. Då sände Ragnar några af sina kämpar i land för att se huru det förhölle sig. Om desse funno tärnan så skön, skulle de bedja henne komma till skeppen och på samma gång pröfva hennes klokhet genom att framföra följande villkor:

"Hon skulle komma hvarken klädd eller oklädd.

Hvarken mätt eller fastande.

Hvarken ensam eller med sällskap."

Männen foro i land och funno Kraka fullt ut lika vacker som Tora. Därpå framförde de sitt ärende, och sedan Kraka först besinnat sig något därvid, lofvade hon komma den följande dagen och äfven uppfylla de trenne villkoren. Men Grima tyckte att den kungen kunde aldrig vara klok, som sände slika hälsningar.

Männen återvände därpå till skeppen och sade att de funnit tärnan fullt så skön som svennerna sagt och att hon lofvat komma den följande dagen.

På utsatt tid kom Kraka. Hon var insvept i ett fisknät och det långa håret omslöt henne likt en mantel. Tidigt på morgonen hade hon ätit en hvitlök och till sällskap medförde hon sin vallhund.

Så snart Ragnar varsnade henne på stranden, sporde han hennes namn.

Kraka svarade:

179

"Ditt bud ej bryta jag tordes,
ej din bjudning neka,
och ej ringa jag räknade mötet
som Ragnar utsatt.
Se, mätt af mat är jag icke,
ej möter jag oklädd,
fullgodt följe jag äger,
men far dock ensam."

Ragnar sände då sina män i land för att hämta henne ut till skeppen. Men hon ville ej följa dem förr än kungen lofvat henne frid både för henne själf och hennes sällskap. Ragnar lofvade henne frid och räckte henne själf handen för att hjälpa henne ombord på sin drake. Då bet Krakas hund honom i handen, och hans män glömde den lofvade freden och dödade hunden.

Häröfver vredgades Kraka, men lät dock snart blidka sig af Ragnars godhet. Han sade att han aldrig tillförene sett så fager tärna och räckte henne Toras guldsömmade kjortel som vängåfva.

"Pryd dig därmed, den passar dig godt", sade han.

Men Kraka svarade att dylik grannlåt ej höfdes en fattig flicka och att den skulle passa illa i den lilla stugan.

Ragnar bad henne då stanna kvar på skeppen och blifva hans brud. Men Kraka svarade:

"Jag vill ej nu bära kjorteln och ej heller blifva din maka. Far först dit du ärnar dig, och låt mig vända åter hem. Din hug kan skifta på färden."

Ragnar var ej nöjd, men Kraka sade farväl och återvände hem. Ragnar drog ut på härfärd, men så fort han kunde vände han dock åter till Spångarhed för att hämta sin brud.

Så snart han hade landat, sände han bud till Kraka och bad henne komma. Hon lofvade att komma, men först den följande dagen.

Tidigt om morgonen klädde hon sig, gick fram till Åke och Grima och sporde, om de voro vakna. De undrade hvad hon ville.

Kraka svarade:

"Jag skall nu draga bort. Väl vet jag att I hafven dräpt min fosterfader Heimer och röfvat hans gods. Jag vill dock ej göra eder någon skada, ehuru det nu stode i min makt. Men så mycket vill jag säga, att jag önskar att hvar dag måtte blifva allt sämre och sämre för eder och den sista allra värst."

Därpå gick hon och blef väl mottagen af Ragnar som strax ville fira bröllop.

Kraka svarade att de ingalunda skulle fira bröllop så hastigt, ty det vore vida större heder för henne att de drucko bröllop i Ragnars egen borg, "och", sade hon, "resan skall gå vida lyckligare för oss, om du aktar min vilja".

Ragnar lät henne råda, men så snart de landat och trädt in i salen, ville han att bröllopet skulle firas. Åter ville Kraka uppskjuta det och sade:

"Låtom oss först i trenne dagar offra till gudarne, det skall lända oss och våra barn till fröjd. En stor olycka kommer annars att drabba oss."

Men nu ville ej Ragnar lyssna till hennes råd, utan ville själf råda denna gång.

Ragnar och Kraka hade flera söner. Den äldste, Ivar, med tillnamnet "benlös", var en stor, vacker ungersven som dock aldrig kunde gå, emedan han hade brosk i stället för ben i kroppen. Kraka sade att detta var gudarnes straff för att Ragnar ej velat offra till dem. De öfriga sönerna nämndes Björn, med tillnamnet "järnsida", Hvitserk den starke och Ragnvald. Alla blefvo berömliga män, främst i alla idrotter och käcka, oförvägna kämpar. Ivar, hvilken ej kunde deltaga i deras lekar, var i stället deras rådgifvare, och bröderna företogo intet, utan att först hafva hört hans mening. Han blef vida känd för sin klokhet.

Erik och Agnar, Ragnars söner med Tora, voro öfvermåttan tappre kämpar, och hvarje sommar drogo de ut i härnad.

En dag sade Ivar till sina bröder att han tyckte det kunde vara på tiden att äfven de vunno rykte och ära likt sina halfbröder. Detta tal funno de klokt, och gingo så till Ragnar och bådo om skepp och manskap, hvilket de äfven fingo.

De beredde sig genast till affärd.

När fråga blef om hvart kosan skulle ställas, sade Ivar: "Vi skola segla dit, hvarest de tappraste männen och de största farorna äro till finnandes. Det finnes en stad vid namn Hvitaby; där offrar man mycket och utöfvar stor trolldom. Många hafva förgäfves sökt intaga staden, till och med Ragnar, vår fader, har måst fly."

Bröderna menade då, att antingen månde besättningen vara mycket tapper eller ock hela staden förtrollad.

Ivar svarade att båda delarne vore rätt gissadt.

De bådo honom råda öfver saken. Ivar tvekade ej, och sålunda anträddes färden till Hvitaby.

Väl framkomna, kvarlämnade de skeppen vid strand och bad Ragnvald som var yngst och ansågs minst vuxen farorna, att vakta dem; något manskap fick han till hjälp.

Ivar omtalade att det i Hvitaby fanns tvenne förtrollade kor, hvilka under väldigt vrålande pläga rusa in i fiendens led och anställa stor förödelse. "Nu skolen I modigt nedlägga odjuren", tillade han. Allt manskapet ordnade sig. Så snart borgvakten varsnade fienden, lössläpptes korna, hvilka genast rusade mot brödernas folk, men Ivar som bars på sköldar, bad att få en båge. Därpå sköt han ihjäl de fasaväckande odjuren.

Ragnvald som fann det under sin värdighet att vakta skeppen, hade begifvit sig efter och nu kommit fram till stridsplatsen. Han störtade sig oförväget rätt i hetaste striden och föll inom kort. De öfriga bröderna intogo borgen, dock efter en häftig strid. Där vunno de stort byte som de förde ombord. Sedan satte de eld på Hvitaby och jämnade borgmurarne med jorden. Därpå återvände de hem.

RAGNAR OCH KUNG ÖSTEN

Vid denna tid härskade i Sverige en mäktig konung vid namn Östen. Hans konungasäte var Uppsala. Östen var en stor offerman och såväl han som folket blotade ifrigt samt öfvade trolldom. För allt detta var Östen fruktad vida omkring, dock mest för en fasansfull ko som hette Sibilja. Hon var så besatt med trolldom, att när hon råmade, togo alla fiender till flykten och begynte äfven strida sins emellan.

Kung Östen och Ragnar voro goda vänner och plägade gästa hvarandra. Nu var det Östens tur att taga emot. Ragnar med sina män anlände i rätt tid och undfägnades på det bästa af Uppsalakonungen.

Vid gillet, den första aftonen, lät Östen sin dotter Ingeborg skänka i dryckeshornen och bära omkring dem. Ingeborg var berömd för sin skönhet vida omkring. När Ragnars män sågo den fagra konungadottern, sade de sins emellan: "Dylik maka passade bättre vår tappre konung, än gubbens dotter från Spångarhed."

Slutligen nådde detta tal till kungens öron. Ragnar fann talet klokt och beslöt att trolofva sig med Ingeborg; men han skulle först senare återvända och hemföra sin brud.

Kort därpå bröt Ragnar upp. Ett stycke från sin borg lät han hela sitt följe stanna, och förbjöd strängt sina män att omtala hans trolofning med kung Östens dotter. När han kom hem, välkomnades han med ett stort gille. Kraka hälsade Ragnar och sporde om tidender, men Ragnar sade sig ej hafva några att förtälja. Dessutom vore han trött efter resan.

"Då skall jag berätta tidender för dig", sade Kraka, "och väl må det kallas märkliga tidender att en konung som tillförene äger en maka, trolofvar sig med en konungadotter."

183

"Hvem har sagt dig det?" utbrast Ragnar vred.

Kraka svarade: "Låt du dina män behålla lifvet, ty de ha intet yppat. Men mina fåglar sutto på kung Östens borg och sågo din trolofningsfest. De ha förtäljt det för mig. Nu beder jag dig dock ej äkta kung Östens dotter, ty jag är ej någon ringa mans dotter utan stammar från en ädel hjälteätt. Vet att den ryktbare Sigurd Fafnersbane är min stamfader, och till tecken att jag talat sant, skall den son jag inom kort föder dig, hafva en orm i sitt öga, och denna orm skall vittna om min härkomst."

Förundrad sporde Ragnar huru hon kunde vara af så ädel börd, då han funnit henne i en bondes ringa stuga.

"Jag skall berätta dig min saga", svarade Kraka. "Som barn fostrades jag hos kung Heimer och kallades Aslög. När väldiga strider utbrutit mellan mina fränder och min fader fallit, fruktade min fosterfader för mitt lif. Han gjorde då en konstrik, förgylld harpa, lade däri guld, smycken och allehanda dyrbarheter och gömde äfven mig i harpstocken.

Så vandrade han från land till land med sin börda. Endast i undangömda skogar, vid någon liten enslig skogsbäck fick jag komma ut för att två mig och fröjda mig åt min frihet. När jag grät öfver att sitta inne i den mörka harpstocken, spelade Heimer på harpan och sökte med sånger och goda ord trösta mig.

Under våra vandringar hade vi kommit till Norge. Det var mörkt och kallt ute, och Heimer sökte natthärberge. Han fann då en liten enslig stuga vid stranden, det var just Spångarhed. Vid härden satt en gammal ful käring. Heimer hälsade ödmjukt och bad om härberge, men gumman svarade barskt: "Hvem är du som står där nere vid dörren? Ofta höra harpan och lättjan tillhopa."

Han fick dock taga plats vid elden. Gumman sade sig heta Grima och omtalade att hennes man som hette Åke, var ute i skogen och högg ved.

Grima tittade ofta på främlingen. Hon såg en guldring glimma på armen och fliken af en kostbar skjorta skymta fram under den slitna kappan. Hon låtsade dock

184

om intet utan gaf Heimer litet mat och anvisade honom sofplats i ladan, "ty inne i stugan lärer du ej kunna sofva för Åkes och mina trätor", tillade hon.

Kort efter hemkom Åke. Han började genast träta öfver att Grima varit så lat, att hon ej ens kokat gröten till kvällsvarden.

Grima bad honom tiga och berättade att det kommit en främling till dem som fått natthärberge. Han sade sig vara en fattig harpspelare, men hon hade sett huru en guldring blänkte fram under trasorna, harpan var äfven rikt prydd med guld och en flik kostbart tyg hade stuckit fram ur den.

"Nu är mitt råd att vi, medan gubben sofver, slå ihjäl honom och taga hans gods. Vi få då nog af guld och slippa slita och träla på gamla dagar."

Åke svarade: "Illa synes det mig vara att svika sofvande gäst."

Grima sade: "En feg krake är du och föga karl för din hatt, när allt tyckes dig för svårt. Jag och främlingen skola då i stället döda dig och göra oss glada dagar."

Då blef Åke vred, tog sin yxa, smög ut till ladan, följd af Grima, och gaf så den sofvande Heimer banehugget. Därpå buro de in harpan i stugan, men gubben och gumman kunde ej öppna det konstrika låset. Grima fattade yxan och högg sönder harpstocken. Helt skrämd trädde jag fram ur mitt gömställe, men ännu mera skrämda blefvo Åke och Grima.

Åke utbrast: "Nu sannas ordstäfvet, att olycka följer den som sviker godtrogen gäst. Nu måste vi äfven döda flickan; annars förråder hon oss." Grima svarade ej, utan sporde i stället hvad jag hette.

Jag låtsade vara stum.

Då sade Grima: "Flickan är stum, hon kan ej svika oss, huru svårt vi än svikit henne. Vi skola behålla henne och utgifva henne för vår dotter. Hon skall kallas Kraka efter min moder."

Åke genmälde: "Inte lär folk tro att så ful kvinna kan ha så fager dotter."

Grima sade: "Inte lär du kunna finna på råd som du-ger något till. Vi skola kläda flickan i trasor, raka af håret och stryka tjära på hufvudet, så att håret ej växer, samt låta henne förrätta de lägsta sysslor. Hon skall släpa hem ris ur skogen, valla getterna och träla på allt sätt, så flyr fägringen nog sin kos. Äfven jag har en gång varit ung och fager, men nöden har allt tagit bort det." Grimas råd följdes. I tjugu långa år teg jag och slet och släpade. Men mina tankar ilade vida omkring och ständigt hoppades jag på befrielse. Mången gång har jag spejande sett ut öfver hafvet för att se, om ej någon drake skulle lägga till i viken och jag kunde fly bort på den. Slutligen kom du, och med dig kom lyckan och fri-heten. Nu hotas jag dock af en mäkta djup sorg och tungt är för Sigurds ättling att svikas för annan mö."

När hon slutat sitt tal, sprang Ragnar upp och tog sin maka i famn. Om hans färd till kung Östen vardt intet vi-dare taladt.

En tid efter födde Aslög en son. När han blef buren in och lagd i sin faders kappa, till tecken att han blef upptagen, såg Ragnar med fröjd, att där ringlade sig tecknet af en orm i sonens öga.

Ragnar sade: "Mäktig skall du varda, du Sigurds ätt-ling. Från dig skola ädla hjältar stamma!"

Därpå vattenöstes barnet och erhöll namnet Sigurd, enligt Aslögs förut uttalade önskan.

När Ragnar drog af sig en guldring, för att gifva den i namngåfva till Sigurd, kom ringen att röra vid gossens rygg. Då sade Ragnar att Sigurds ättling föga skulle i sin mannaålder värdera guld, men desto mera mod och ädla hjältedater.

Kung Östens dotter fick förgäfves vänta på Ragnar, och Aslög blef högt ärad af alla kungens kämpar, när det blef veterligt att hon härstammade från Sigurd Fafners-bane, den störste bland alla hjältar.

ERIK OCH AGNAR DRAGA TILL SVERIGE

Då Ragnar ej på den utsatta tiden kom för att hålla bröllop med Ingeborg, blef kung Östen högeligen vred öfver att Ragnar tillfogat honom denna skymf.

När Erik och Agnar sporde att Ragnars vänskap med Sveakungen var bruten, begynte de genast samla manskap, bygga skepp och rusta sig på bästa sätt för att draga till Sverige. Då Agnars skepp skulle skjutas i sjön, kom en af hans män i vägen och vardt dödad. Detta ansågs som ett dåligt förebud, men det oaktadt styrde de dock till Sverige, hvarest de genast begynte härja och bränna väldeliga.

När Östen sporde detta, samlade han en stor här och tågade emot dem. Innan hären drog ut, offrade man mycket och den ilskna, förtrollade kon Sibilja medfördes.

"Och", sade kung Östen, "nu hoppas jag att konungasönerna, huru tappra de än månde vara, ej skola kunna förgöra oss."

Därpå sade Östen att den fientliga hären befunne sig i skogen strax där bakom och tillsade sina män att dela sig i trenne hopar och först anfalla Ragnars söner med endast en afdelning. "De skola då", sade Östen, "tro att vi ej äro manstarka; sedan skola vi falla öfver och tillintetgöra dem. Sibilja skall storma fram och bringa oreda i deras fylkingar och vi skola vinna en stor seger. Jag är viss om, att dessa ej mer än andra före dem skola kunna motstå vår förtrollade ko."

Allt gick som kungen sagt. Först blefvo Eriks och Agnars män glada och trodde sig kunna vinna en lättköpt seger, men när så Sibilja bröt sig in i deras led, blefvo de förtrollade, började strida mot hvarandra och till slut flydde hela hären.

Blott Erik och Agnar höllo tappert stånd. Slutligen föll Agnar. Erik blef utom sig af sorg, rusade in i fiendens led för att hämnas, men blef tillfångatagen och förd till Östen.

Kungen bjöd honom fred och ville gifva honom sin
dotter till maka. Erik svarade:

"Jag ej vill för broder min
jungfrufamntag köpa.
Icke höra, huru Östen
hälsad varder Agnars bane.
Eljest gräte mig ej moder;
män ej drucke då mitt minne.
Låten därför spjutens spetsar
stinga mig igenom lifvet."

"Dock ber jag dig, kung Östen", sade han, "att du gifver
mina män lejd. Låt dem återvända hem och bringa min
afskedshälsning till min fader. Mig själf skolen I kasta
på spjut tills mitt lif lyktats. Leende vill jag lida döden."
Kung Östen tyckte Erik hade korat sig en dålig lott;
dock skedde efter hans vilja. Spjut nedslogos i jorden
och när detta var gjordt, kvad Erik följande afskedssång
som hans kämpar skulle bringa till hemmet:

"Så vidt till min kunskap kommit,
ingen konungaboren,
dött å dyrare läger.
Snart skall korpen, kolsvart,
kraxande flyga öfver
än en blödande broder;
det är bitter lön för gåfvor."

Därpå gick han fram till spjuten, drop af en guldring,
kastade den till sina män och kvad:

"Bud I bären om våra
kämpars bane till Aslög;
den dådfulles drottning bäre
ring som den döende sänder.
Då skall till söner sina
med sorg uti hjärtat

188

Aslög tigande tala
om de tvenne som fallit."

Därpå kastades han på spjutuddarna, och utan klagan led han den smärtsammaste död.

Hans kämpar återvände hem. De funno endast Aslög hemma, ty Ragnar med sina söner voro på kungsstämma. Männen trädde fram till hennes högsäte och hälsade vördnadsfullt. Hon sporde hvilka de voro och hvad ärende de hade. Den ene af dem svarade att de varit Eriks och Agnars kämpar. Då kvad Aslög:

"Hvad hafven I hört att säga
om höge kungar;
äro sviar sedde i landet,
eller seglade de utom?
Hört jag har, att de rustat,
ej hvem härnaden gäller;
men skepp ha de danske skjutit
i sjön på blodiga rullar."

Kämpen framförde Eriks afskedshälsning och lämnade ringen till Aslög.

Då grät Aslög, men hennes tårar sågo ut som blod och voro stenhårda som hagel, och det sägs att det var första och sista gången någon sett henne fälla tårar. Slutligen sade hon: "Hämnden kan jag ej utkräfva förr än Ragnar och mina söner komma hem. Jag skall dock egga till hämnd som om de fallne varit mina egna söner. I skolen dröja här under tiden."

Kort därefter hemkom hennes söner från tinget, men Ragnar var ej med. Länge hade de ej varit hemma innan Aslög gick till dem. De hälsade henne vördnadsfullt och man begynte spörja hvarandra efter tidender.

Ivar förtäljde att hennes son Ragnvald fallit i ärlig kamp.

"Jag kan icke se", svarade Aslög, "att han vid lif kunnat vinna högre ära."

Nu sporde sönerna hvad hon hade att förtälja. Aslög svarade: "Edra bröders och mina styfsöners, Erik och Agnars fall, dem som jag hållit för de dråpligaste män. Ovärdigt eder börd vore det, om I tålden slikt och icke hämnades det hårdeligen. Detta vill jag därför bedja eder om, och därtill vill jag på allt sätt bistå eder, att kung Ragnars söner varda mer än väl hämnade."

Sönerna voro föga benägna att lyssna till hennes tal. Slutligen svarade Ivar: "Det är då visst att till Sverige kommer jag aldrig för att strida mot kung Östens trollfunder."

Aslög svarade: "Föga akten I mitt tal, och förvisso hade ej Toras söner lämnat sina bröder ohämnade. Endast jag måste tåla att vara moder åt slika feghjärtade söner! Säg mig, hvad frukten I mest hos kung Östen?"

Ivar svarade att han hade en ko som hette Sibilja, och bara kon lät höra sitt råmande, bragte hon fiendens skaror i vild flykt.

"Föga mod tyckas ni i sanning äga som löpa till skogs för en ko", svarade Aslög vredgad och beredde sig att gå.

Då sade den lille Sigurd orm i ögat, nu tre år gammal: "Jag måste säga dig, moder, hvad som rann mig i hugen. Dock kan ju ej jag råda för mina bröder."

"Säg det, sonen min", svarade Aslög.

"Om jag finge råda, skulle de om trenne dygn vara rustade till färden och draga till Uppsala för att döda kung Östen, om så vore disernas vilja."

"Nog ser jag att du har rätta sinnelaget, men ej kan jag se, huru vi två, utan dina bröders hjälp, skola kunna uträtta något", svarade Aslög.

Bröderna blefvo uppeggade af den lille broderns tal och nu lofvade de att draga mot kung Östen. "Dock", sade Ivar, "må vi ej spara på skepp och manskap, om vi skola vinna seger."

Aslög tog därpå farväl, nöjd med den utgång hennes ärende fått.

HÄMNDETÅGET TILL SVERIGE

Hvar och en rustade sig nu på bästa sätt. Den lille Sigurd hade en fosterfader som på tre dygn skaffade fem välrustade skepp, Hvitserk och Björn skaffade tillsammans fjorton skepp på fem dygn och Ivar ensam tio på samma tid.

Därpå samlades man till rådplägning. Ivar omtalade att han äfven afsändt ridande manskap. "Denna afdelning af hären skall nog komma oss till godo", menade han.

Aslög sade, att om hon vetat att de haft bruk för manskap till lands, skulle hon nog ökat deras här, och hon ville nu uppbåda ännu flere.

Ivar bad henne ej draga ut på tiden, emedan det var bättre ju förr de drogo åstad.

Aslög sade, att hon ämnat följa med, för att tillse att hämnden blef riktigt utkräfd. Då vardt Ivar vred och sade att ombord på skeppen fick hon icke komma; dock kunde hon ju, om hon så för godt funne, åtfölja landthären. Hon gjorde så, och under namnet Randalin drog hon ut i härnad.

Efter en lyckosam färd anlände de båda härarne till Sverige. De foro där fram med ytterlig djärfhet och nedhöggo allt som kom i deras väg. När kung Östen sporde att vikingar kommit till hans rike och att dessa foro fram med stor grymhet, anade han strax att det var Ragnars söner som kommit för att hämnas sina bröders fall. Han lät genast sammankalla en väldig här.

"Nu skola vi väl se till, om vi ej kunna förgöra äfven dessa söner till Ragnar Lodbrok", sade han. "Sibilja skola vi släppa lös och låta henne gå i spetsen för vår här; jag tänker hon lärer åstadkomma samma skräck nu som tillförene", sade han uppmuntrande.

Ivar hade fylkat sina och brödernas härskaror och lät bära sig omkring på sköldar, för att tillse att allt vore väl

191

ordnadt. Slutligen sade han: "När I nu fån syn på Sibilja som under stor olåt kommer farande emot eder, skolen I alla slå på edra sköldar och skria af all makt, på det I ej skolen höra hennes vrålande och blifva förvirrade." Äfven hade han före striden låtit göra sig en båge, så stor, att det tycktes som om ingen skulle kunna spänna den, och pilar svarande därtill.

Nu befallde han hären att rycka fram, och tillsade sina bärare att gå rätt emot kon.

Alla blefvo förvirrade, när de fingo höra Sibilja, ty trots de slogo på sköldarna och skriade så mycket de förmådde, hördes kons råmande öfver allt dånet, och hela Ragnarsönernas här begynte slåss sins emellan. Men då spände Ivar sin båge, strängen klang så hårdt att man aldrig hört maken, när den första pilen flög af mot Sibilja och träffade henne rätt i ena ögat. Efter kom en annan pil som utstack det andra ögat.

Rasande af smärta sjönk kon till marken; dock reste hon sig strax och vrålade värre än tillförene samt rusade mot Ivar. Då sade denne till bärarne: "Slungen mig rätt på kon."

När de lyfte upp honom, kändes han lätt som det minsta barn, men då han föll ned på Sibilja, vardt han tung som det största stenblock; Sibiljas ben krossades och hon fick så sin bane. Ivar ropade till sina bärare att de genast skulle höja honom på sköldarna, och med en röst så hög, att den hördes vida omkring, förkunnade han Sibiljas död.

Hela hären svarade med höga segerrop. Därpå uppmanade Ivar sina män att utan fruktan och med förenade krafter tränga in i fiendens här.

Kung Östens och brödernas skaror drabbade nu samman. Alla sade sig aldrig tillförene hafva skådat större strid. Bröderna Hvitserk och Björn stormade fram så tappert, att allt måste vika för dem, och Östens här kom i oordning; slutligen stupade kung Östen själf och bröderna vunno en lysande seger.

192

Därpå sade Ivar, att när nu målet med hela härfärden var vunnet, ville han ej längre härja i landet, utan han uppmanade sina män att följa sig dit, hvarest den största äran stode att vinna och där de tappraste kämparne voro till finnandes.

BRÖDERNA INTAGA WIFILSBORG

Färden styrdes nu mot söder. Öfver allt härjades och brändes. Den lille Sigurd orm i ögat var ock med. Wifilsborg, en beryktad, stark borg, var målet. Vid framkomsten var ej höfdingen hemma. Hären lägrade sig därför nedanom borgmurarne, och Ivar tillbjöd hela besättningen lejd, om borgen uppgåfves utan strid.

"Aldrig lären I kunna intaga borgen", svarade männen gäckande.

Den följande dagen stormade Lodbroks söner borgen, men förgäfves. För hvarje dag under en half månads tid förnyades anfallet, men alltid trängdes de tillbaka, och trots all krigslist och tapperhet lyckades de ej utan beredde sig att draga bort med oförrättadt ärende. Då behängde borgens besättning vallarna med dyrbara bonader, buro ut vapen och smycken i mängd och sade hånande: "Vi trodde Ragnar Lodbroks söner om att vara tapprare än andre män; nu se vi dock att så ej är. I lären, likt alla före eder, få draga hädan och blifva till spott och spe för oss."

När Ivar hörde detta tal, blef han så utom sig af vrede, att han vardt sjuk och miste målet. Hela dagen var han dödssjuk och hären måste dröja för att afvakta utgången. Mot aftonen vardt han bättre och sade sig vilja rådpläga med sina bröder samt med härens mest bepröfvade män. Alla samlades hos honom och Ivar sade: "Vi hafva ännu ett försök ogjordt. Låtom oss i natt gå till skogen och hugga väldiga vedknippor; dessa skola vi lägga rundt kring murarne och tända eld på dem. Jag tror ej att murarne skola kunna motstå hettan, utan att bli sköra, så att vi lätt kunna få omkull dem med slungorna.

Tälten låta vi stå kvar, ty då anar ej borgfolket att vi varit borta."

Ivars råd följdes. Ved uppstaplades rundt kring murarne och antändes.

Dessa kunde ej motstå hettan, utan föllo sönder för slungorna, och kämparne stormade in, dödade hela besättningen och bemäktigade sig alla borgens dyrbarheter. Innan Ragnars söner lämnade stället, brände de ned borgen, så att ej mer än grundvalarne återstodo af det nyss så stolta Wifilsborg.

Därpå ämnade de draga till Romaborg, ty de hade hört att det skulle vara en mycket stor och rik stad. Men på vägen dit mötte de en gammal, gråhårig man. Han sade sig vara en stafkarl och hade genomvandrat otaliga länder.

"Då kanske du kan ge oss besked om hvad vi vilja veta?" sade bröderna.

"Få frågor torde det vara som jag ej kan svara på", sade gubben.

"Säg oss då vägen till Romaborg, ty dit vilja vi fara och vinna byte."

"Gärna. Men på det I skolen veta huru långt det är, skall jag visa eder mina järnskor; dessa äro nu uppnötta, äfvenså ett annat par som jag bär på ryggen. Båda paren voro nya, när jag drog hemifrån, men på vägen till och från Romaborg hafva de blifvit utnötta."

Så lång väg hade bröderna ingalunda lust att tåga, då byte kunde vinnas på närmare håll, utan vände åter mot Norden. Under vägen plundrade och brände de många borgar, och deras vilda skaror voro en skräck för alla som råkade ut för dem.

RAGNARS HÄRFÄRD TILL ENGLAND

Medan sönerna sålunda drogo omkring på härfärder, satt Ragnar själf hemma i lugn och ro. Men Aslög som under namnet Randalin följt sina söner på deras hämndetåg till Sverige, var ej ännu återkommen, och Ragnar begynte frukta för hennes lif.

194

Litet emellan nådde ryktet om sönernas hjältebragder hans öron, och Ragnar hörde sina kämpar hviska sins emellan att make till hjältar ej funnos i hela Norden. Detta förtröt Ragnar, och han beslöt att genom ett djärft hjältedåd vida öfverträffa sina söner. Han lät för den skull bygga sig tvenne skepp, så stora att deras make tillförene ej skådats. Med dessa tvenne skepp beslöt han draga till England och bekriga dess tappre konung Ella. Medan Ragnar var sysselsatt med dessa förberedelser, hemkom Aslög. När hon sport om den tillämnade härfärden, blef hon missmodig och afrådde sin make därifrån.

Ragnar ville ej lyssna till hennes råd.

"Du vet ju", sade hon, "huru svårt det är att landa på de branta kusterna, och om dina två skepp sönderslås mot klipporna, är hela din här utan räddning förlorad, ifall kung Ella anfaller eder." Ragnar svarade henne: "Föga ära är att vinna land med många skepp, men att med endast tvenne intaga ett helt konungarike, det vore ett hjältedåd som skulle vinna pris i hela Norden."

Och därvid blef det. Mycket folk besoldades af Ragnar som ej sparade guld, blott han kunde vinna tappre kämpar.

När allt var redo och man skulle segla, knorrade en del af männen, ty de funno företaget allt för vågsamt. Då blef Ragnar vred och sade: "Mitt guld kunden I taga, men följa mig vågen I ej."

Då beslöto männen att följa honom hellre än att anses fega, och alla begåfvo sig ombord.

Aslög följde sin make till stranden för att taga farväl af honom, och i afskedsgåfva erhöll han en kostbar silkesskjorta som hon under böner och offer sömmat åt honom. När han bar den, kunde intet i världen tillfoga honom någon skada, och vapen beto ej på honom.

Färden gick lyckligt ända tills de nådde Englands kust. Då uppstod svår storm och båda skeppen slogos sönder i de rasande bränningarna. Dock lyckades Ragnar bärga sig själf jämte manskap, gods och vapen. Så snart de landat, begynte de sitt härnadståg och allestädes vunno de seger.

Då kung Ella sport att Ragnar Lodbrok landat med en fientlig här, sammankallade han genast en vida större.

När de båda härarne möttes, sökte Ragnar uppmuntra sitt folk och sade dem hvilken ära det vore att besegra Ella.

Alla hans kämpar buro präktiga brynjor och lysande hjälmar. Själf hade Ragnar endast den silkesskjorta Aslög gifvit honom samt hjälm på hufvudet. Hans vapen var det väldiga spjut, hvarmed han fällt Tora Borgarhjorts lindorm.

Skarorna drabbade samman och fylking efter fylking af Ragnars män föllo för Ellas kämpar. Endast Ragnar själf förblef oskadd.

Om aftonen återstod knappt en enda af hans män. Själf blef han innesluten mellan sköldar och tillfångatagen.

Tillspord om sitt namn, ville han ej säga det. Ella tillsade då att fången skulle kastas i ormgropen och förbli där, tills han sade sitt namn.

"Men", sade Ella, "lyssnen noga, och kunnen I af hans tal utröna att det är Ragnar Lodbrok, så hämten genast upp honom och fören honom hit, ty Ragnar har söner som väl veta kräfva hämnd, om vi göra deras fader skada."

Ragnar fördes så i ormgropen, men ej en enda af ormarna skadade honom. Männen förundrade sig storligen däröfver och sade: "Säkerligen skyddar honom silkesskjortan, ty ej ett enda sår erhöll han i dagens strid och ej en enda orm har stungit honom. Låtom oss afdraga silkesskjortan."

Sedan de gjort det, beto sig ormarna fast vid honom från alla sidor. Men ej ens nu ville han, genom att säga sitt namn, köpa sig fri.

Slutligen, när smärtorna blefvo honom för stora, utbrast han: "Grymta skulle nog grisarne, om de visste gamle galtens kval."

Männen kunde dock ej af detta tal veta, om det var Ragnar Lodbrok, och läto honom blifva kvar i ormgropen.

Då kvad Ragnar en sång[8] om alla sina ärorika bragder:

"*Svärd vi svungo ofta, glade,*
svåra fort har tiden gått.
Götland re'n jag gästat hade
förrn jag gyllne rykte nått.
Drake drap jag före dager,
dödssång sang mitt stålgrå svärd,
Tora tog jag, brud så fager,
bort från trollomsluten härd.

Svärd vi svungo förr i tiden,
svält led icke valens örn;
hvart vi kommo, flydde friden
i de fyra världens hörn.
Tjuguårig, käck och yster,
tjänade jag Odin ren,
ingen dödlig sett mig dyster,
dröm och suck ej gjort mig men.

Svärd vi svungo, åtta jarlar
sänkte vi i Dynas flod,
frejdade och faste karlar;
frusen våg vardt varm af blod.
Åtelulfven jag sett löga
uti Örarsund, det blå;
hem till Odins salar höga
hälsningar jag bjudit gå.

Svärd vi svungo på de branta,
svallomgjutna vågors rygg,
och på hafvets hästar spranta

---

[8] Kvädet kallas Krákumál, och är här anfördt efter P. A. Gödeckes fullt trogna öfversättning av den danske författaren Rufus mycket fria behandling av det isländska originalet.

Härröd red i döden trygg;
härlig höfding aldrig sedan
åror hundra lyft mot sky,
hjälten hjärta bar i nedan
lika djärft som förr i ny.

Svärd vi svungo, då ur vågen
sol sig svang i storm åstad,
sträft sang strängen då på bågen,
stormen gällare ej kvad;
bistert böljan sjöd på sanden,
Borgundholmen sam i blod,
strödda lågo lik på stranden,
stål gaf ulfven dagvard god.

Svärd vi svungo, och vi fällde
svärmtals grymme västermän
innan Frö i Flämingvälde
drog till fallne hjältars vän.
Mö där grät för morgonfärden,
mödrar följde söners tåg,
män där mässade med svärden,
medan sol rann upp ur våg.

Svärd vi svungo mot de lede
svenner i Nordimbraland;
där var storm och strid och vrede
mellan stenarna på strand.
Regn af smidda pilar smällde,
smattrade på hjälm och sköld;
ljufvare var strid som gällde
smälta jungfruhjärtans köld.

Svärd vi svungo vildt,
där hafvet svallar kring om Söderö;
stolte Ragnvald red i kvafvet,
rof vann Hertjuf uppå sjö.
Marstein, mäktig, Irlands konung,
matade båd ulf och örn;

blod den bistre var som honung,
blod hans drakes färg i förn.

Svärd vi svungo uppå vågor,
svällande af irers blod;
varmare dock var af lågor
välska drufvokullars flod.
Lans mot lans vi läto kryssa,
lågor slungade vår hand;
varmare dock var att kyssa
väna jungfrur uppå strand.

Svärd vi svungo natt och dagar,
böljans svanar ha vi styrt;
liden lott jag icke klagar,
vardt all lust än gäldad dyrt.
Fostrat har jag faste söner,
fort hann Agnar hjältars lott;
hämnden brann i Aslögs böner
tände bål åt Svitjods drott.

Svärd vi svungo, att de klungo
svåra hemskt som ulfvens tjut,
Ullaråkers sparrar sprungo,
spjutregn dref kung Östen ut.
Gullprydd gamle kungen blödde,
såren gräto blod på mull;
brand i brynja sällsamt glödde,
sköld där brast för hettans skull.

Svärd vi svungo för att svalkas,
svek som bäfvan fjärran var;
dristar, månne, döden nalkas
dådfull man, fast främst han drar?
Den som aldrig ängslas, hinner
hvad af ingen usling hanns;
den, hvars blod med bäfvan rinner,
båta icke svärd och lans.

Svärd vi svungo alla dagar,
svanevingad var vår färd;
men ej lätt flys nornors lagar,
liten vorden är min värld.
Nyss jag flög kring
Skottlands fjärdar
på den fria vikings sed,
såg ej hur vid dolda härdar
hämndens bojor Ella smed.

Svärd vi svungo; mannavärde
svennen vann af ärans sår,
Aslögs söner leken lärde
lustigt i sin faders spår.
Stod de där på strandens kulle,
stege fort de ned i dal;
grisarna nog grymta skulle
vid den gamle galtens kval.

Svärd vi svungo; men jag röner,
svårare är ormens sting.
Såge mig nu Åslögs söner,
sloge de kring modern ring,
broder svure hämnd med broder,
blödde glad, tills han förblödt;
söner mine gaf jag moder,
som blott män till världen född.

Svärd vi svungo sista gången,
svårt dock är ej dödens kval
bänkar bredda stå för fången
uti Balders faders sal.
Ej af bäfvan böjd jag träder
in till bords i Odins hus,
högt mitt Kråkumål jag kväder
där med klang och harposus.
Hårdt jag längtar hädan draga,
hemåt bjuda diser mig,
Odin sändt dem att ledsaga

mig till salarna hos sig.
Dricka gladt i horn som glimmar,
gudar mig i högbänk till;
lidna äro lifvets timmar,
leende nu dö jag vill."

När han slutat sin drapa, utandades han sin sista suck. När Ella sporde talet om galten och grisarne och hörde kvädet, insåg han att det var Ragnar själf som dött i ormgropen. Nu blef han högeligen förfärad och begynte tänka på huru han bäst skulle kunna bringa budskapet därom till Ragnar Lodbroks söner. Ett stort skepp utrustades på det präktigaste, och en tapper anförare utsågs. Ingen visste dock hvart kosan skulle ställas. Slutligen sade Ella att man skulle fara till Ivar Benlös och hans bröder för att förkunna dem deras faders död.

Denna färd tycktes de flesta så farlig att få hade mod att följa med. Dock lyckades Ella slutligen få fartyget fullt bemannadt. Han tillsade sina män att noga gifva akt på bröderna, när budskapet framfördes.

Därpå afseglade sändebuden, och utan äfventyr nådde de sitt mål.

Ivar och hans bröder voro nyligen hemkomna från sina härfärder i söderlanden. Vid framkomsten till sin faders borg funno de honom ej hemma och nu voro de ifriga att spörja något om honom. Tiden fördrefvo de med krigiska lekar, gillen och spel.

En dag, just som de höllo gille, stego Ellas män in i salen och trädde fram till Ivar som satt i högsätet. De hälsade honom vördnadsfullt.

De öfriga bröderna voro äfven inne.

Sigurd och Hvitserk spelade bräde, Björn fejade sitt spjut.

Ivar mottog deras hälsning och sporde om namn och ärende.

Sändebuden svarade: "Vi äro från England och hitsända af kung Ella att förkunna eder faders död."

201

Hvitserk och Sigurd slutade genast spelet, Björn stödde sig tungt mot spjutet, men Ivar sporde lugnt huru allt tillgått och om Ragnar funnit en ärofull död. Sändebuden omtalade noga allt. Då de kommo till orden, "grymta skulle grisarne, om de visste gamle galtens kval", kramade Björn spjutskaftet så hårdt, att djupa märken syntes däri, och han skalf så att spjutet bröts af; Hvitserk klämde en brädspelsbricka så hårdt att blodet sprang ut under naglarne, och Sigurd som hade en knif i handen, emedan han under talet skrapat naglarne, skar sig i ett finger ända in till benet, utan att märka det; Ivar förblef lugn. Han sporde ännu en gång på det noggrannaste om allt; dock skiftade han oupphörligt färg och var än röd, än hvit, än blå i anletet. Slutligen utbrast Hvitserk; "Låtom oss begynna hämnden och genast dräpa Ellas män!"

Ivar sade: "Det får ej ske. Ellas män skola i frid draga sina färde, och om de tarfva hjälp, skola de få den af mig."

Sändemännen togo så afsked. Så snart de fingo vind, anträddes hemfärden, och vid framkomsten omtalade de noggrant det sätt, hvarpå bröderna mottagit underrättelsen.

Ella utbrast då: "Antingen skola vi bäfva för Ivar eller ock för ingen. För de andra skola vi nog veta värna Englands rike."

Därpå lät Ella utsätta vakter vid kusten som skulle varsko om fientliga drakar närmade sig landet.

BRÖDERNAS HÄRFÄRD TILL ENGLAND

Bröderna lade strax råd om huru de bäst skulle utkräfva hämnden. Ivar sade sig ej vilja deltaga, ty Ragnar hade det gått så som han förtjänat, då han utan orsak anföll Ella. "Jag", tillade han, "nöjer mig med boten."

När bröderna hörde hans tal, vredgades de och sade, att om han vore nog usel att vilja mottaga böter för sin faders död, skulle de aldrig göra det, "och", tillade de, "förvisso skola många säga, att vi lagt armarne i kors på

202

orätt tid, om vi som farit all världen omkring och fällt så mången hjälte, nu skulle låta vår egen fader ligga ohämnad. Hvarje skepp i Danmarks rike skall sättas i sjön, allt krigsfolk uppbådas och med hela vår makt skola vi anfalla Ella."

"Gören som eder lyster, men mina skepp och mitt folk fån I ej", svarade Ivar.

När det blef veterligt att Ivar ej deltog i färden, fingo bröderna ej mycket folk, men foro det oaktadt. Så snart Ella fick bud om att bröderna landat, lät han blåsa i stridslurarne och sammankalla allt sitt folk som länge varit rustadt.

Ellas här var så stor, att ingen kunde räkna talet på hans kämpar.

När nu de båda härarne drabbade samman, blefvo bröderna i grund slagna och måste fly till sina skepp.

Ivar som väl följt dem, men ej deltagit i striden, sade: "Jag ämnar ej vända åter med eder och ej heller deltaga i flere slika ofärder. Nu ämnar jag uppsöka kung Ella och spörja, om han vill gifva mig böter för min fader."

"Gör som du för godt finner, men vi skola aldrig mottaga böter för vår fader", svarade Hvitserk.

"Då skiljas våra vägar", sade Ivar. "I mån dela riket eder emellan, men mig skolen I sända så mycket lösören jag kräfver."

Därpå skildes bröderna. Ivar lät bära sig inför kung Ella, hälsade honom vördnadsfullt och sade: "Jag har kommit för att sluta fred med dig och mottaga de böter du vill gifva, ty nu ser jag förvisso, att hvarken jag eller mina bröder äro dig vuxna."

Kung Ella svarade: "Många säga, att du ej är att lita på och att fagert tal af dig döljer onda uppsåt. Jag skulle helst se, att jag intet hade att skaffa hvarken med dig eller dina bröder."

Ivar svarade: "Hvad jag önskar är af ringa värde, och gifver du mig det, lofvar jag att aldrig föra vapen emot dig."

"Hvad fordrar du?" sporde Ella.

203

Ivar svarade: "Att du skall gifva mig så stort stycke land som en oxhud kan omfatta och dessutom att jag utomkring äger rätt att uppbygga en grundmur. Jag vill ej bedja om mera. Unnar du mig ej detta, ser jag nogsamt, att du ingen heder vill visa mig."

"Föga skada lärer det göra oss, om du får så litet stycke land af Englands rike. Dock skall du lofva att aldrig bruka vapen eller lägga onda råd mot mig, ty dina bröder fruktar jag ej, blott du står mig bi." Ivar lofvade det. Därpå bekräftades löftet å ömse sidor med eder.

Ivar skaffade sig nu en stor oxhud. Den lät han blöta trenne gånger och töja den duktigt mellan hvarje gång. Därpå klöfs den och så sönderskars hela huden i smala remsor, hvilka hopbundos och sträcktes rundt kring en stor slätt. Alla förvånades öfver huru en oxhud kunde omfatta så stort stycke land. På detta område lät Ivar bygga en hel liten stad, jämte en mäkta stor borg, Lundunaborg, som blef den största och ryktbaraste i hela Norden.

När allt var färdigt, hade Ivar gifvit ut alla de lösören han ärft, ty han var mycket frikostig och vänsäll, hvarigenom han vann allas hjärtan. Därtill var han berömd vida omkring för sin klokhet och från när och fjärran söktes hans hjälp. Förunderligt nog tyckte sig alla få just det de mest åstundat. Själfva kungen lät honom ofta döma i sitt ställe och tyckte sig hafva stor hjälp af Ivar.

När Ivar fått sin borg fullt färdig, sände han bud till sina bröder och bad dem om så mycket guld och silfver de kunde anskaffa.

När sändebuden framförde sitt ärende, undrade bröderna sins emellan huru deras broders sinnelag nu månde vara och de litade ej fullt på honom. Dock skickade de så mycket guld och silfver de kunde anskaffa.

Så fort Ivar erhöll godset, utdelade han det genast frikostigt till alla Ellas stormän och vann dem så på sin sida att de lofvade sitta stilla till och med om Ivar anföll kungen.

Då sände Ivar ånyo bud till sina bröder och bad dem sammankalla hvarje vapenför man i sina riken för att med hela sin härsmakt draga mot kung Ella.

Bröderna gladdes mycket åt budskapet, och öfver hela Danmark och Götaland gick nu härbud. Då alla voro samlade, var hären så stor, att ingen tillförene sett större. Med denna drogo de till England, fullt förvissade om seger, ty de förlitade sig på Ivar. Efter en snabb och lycklig resa landstego de i England. Så mycket som möjligt hade färden hemlighållits; dock hade kung Ella fått vetskap om deras ankomst och ilat dem till mötes, men hans här var ringa till följd af Ivars mutor. Ivar erbjöd sig att mäkla fred. Men ingalunda gjorde han det, ty då bröderna möttes, eggade han dem ännu mera till strid.

Bröderna svarade, att de nog skulle kräfva hämnd af Ella, ty hugen hade ej skiftat.

Ivar återvände därpå till Ella och sade sig hafva gjort allt för att få bröderna att ej anfalla kungen, men de ville ej lyssna till hans tal. Nu såge han ingen utväg, Ella måste modigt möta fienden. Ivar själf skulle ej deltaga i striden.

Fram stormade nu de båda härarne. Brödernas for fram med sådan kraft att allt måste vika. Det vardt ett stort slag. Ellas fylkingar veko allt mer och mer för Ragnars söners raseri. Slutligen tillfångatogs kung Ella. Han var nära att digna af alla sår han fått i striden.

Då sade Ivar till sina bröder: "Tagen nu den hämnd I bäst akten; dock beder jag eder ihågkomma den död vår fader fick och rätta eder därefter."

Bröderna beslöto då att "rista blodörn" på Ella, och den mest spjutvane kämpen framkallades.

"Rista örnen djupt, så att han lyser röd af kung Ellas blod", sade bröderna.

Så skedde, men under tiden dog Ella utmattad af alla sår han fått.

Ivar vardt sedan konung i England, och bröderna återvände hem.

Under många äfventyrliga färder drogo de omkring, dock höllo de mindre tillhopa nu än före hämndetåget. När Hvitserk ensam dragit i härnad, öfvermannades han och valde hellre döden än underkastelse.

Från Björn Jernsida och Sigurd orm i ögat nedstamma stora hjältar, värdiga Ragnars söner.

Ivar härskade öfver England till sin död. När han kände döden nalkas, tillsade han, att man skulle jorda honom där, hvarest landet var mest utsatt för fientliga anfall, "ty", sade han, "jag hoppas kunna värna riket äfven efter min död." Man verkställde hans vilja. Det säges äfven att de konungar som landade vid Ivars grafhög, aldrig fingo seger. För att tillintetgöra hans makt lät en modig, fientlig konung uppgräfva grafhögen och bränna Ivar, hvilken låg alldeles oskadd i högen. Kungen vann sedan seger.

När nu alla bröderna voro döda, skingrades deras män åt alla håll. Så högt aktadt var brödernas minne att kämparne aldrig tyckte sig kunna få sådana anförare, och många sökte under åratal, utan att kunna finna sig värdiga herrar.

ROLF GÖTRIKSSON

KUNG GÖTE

Göte hette en konung som härskade i Västergötland. Han var en väldig jägare och gick ofta ut på jakt. En dag hade han dragit ut i skogen med stort följe samt många hundar och hökar. Strax uppdrefs en präktig hjort som kungen begynte förfölja. Hela dagen jagade han hjorten, men lyckades ej fälla honom. I sin ifver hade kungen kastat af sig både strumpor och skor jämte en del andra kläder som hindrat honom, och blifvit alldeles sönderrifven i buskar och snår. Nu började det blifva mörkt; kungen var kommen långt bort från sitt följe, spjutet hade han förlorat och han var alldeles uttröttad.

Då gaf hunden skall strax intill. Glad skyndade kungen fram, emedan han hoppades finna folk. Han såg då en liten stuga, och därutanför stod en träl med en yxa i handen. När trälen varsnade kungen, höjde han yxan och slog ihjäl hunden, sägande: "Ej skall du flere gånger visa främmande vägen till våra bygder. Kommer denne storvuxne man inom våra dörrar, lärer han väl, till föga fröjd för husbonden, uppäta all vår mat. Det skall dock aldrig ske, om jag får råda."

Kungen log för sig själf, när han hörde talet, och märkte väl att han hade föga undfägnad att vänta. Han trädde dock dristigt fram, kastade undan trälen som stod i vägen för honom, och steg in i stugan. Där inne sutto fyra karlar och fyra kvinnor. Ingen bad honom vara välkommen, men kungen satte sig ändå.

Den som såg ut att vara husbonden sade till trälen: "Hvarför släppte du in den där mannen?"

"Han var så stark, att jag ej kunde stå honom emot", svarade trälen.

"Hvad gjorde du med hunden?" sporde husbonden.

"Den slog jag ihjäl, ty ej ville jag han flere gånger skulle visa slika sällar vägen hit", svarade trälen.

"Bra har du gjort och näppeligen lärer jag kunna löna dig för din trohet", sade bonden. Därpå inbars kvällsmaten, men ingen bad kungen dela måltiden. Han steg dock fram, satte sig ned och började genast äta, ty han var mycket hungrig. När bonden såg detta, slutade han äta, drog ned hatten öfver ögonen och satt så tills kungen slutat, ty han förmådde ej åse all den skada kungen gjorde på hans mat. Därpå sade han vresigt: "Bär ut kärlen, ty någon mat att gömma lärer det väl ej finnas kvar." Sedan gingo alla till hvila. Kungen gjorde så med, ehuru ingen inbjudit honom. När han sofvit en stund, väcktes han af en af kvinnorna, den yngsta och vackraste. Hon frågade vänligt, om hon kunde vara honom till någon nytta.

"Det gläder mig", sade kungen, "att du vill tala vid mig, ty här tyckes det mig svårt att vara."

"Undra inte på det", svarade flickan, "du är den förste främling som i vår tid besöker oss, och föga välkommen är du hos bonden."

"Det ser jag väl. Men nog kan jag löna honom, när jag väl kommer hem", sade kungen.

"Det vore bättre du gjorde det nu", svarade flickan.

Kungen frågade sedan hvad de hette, ty ännu hade han ej hört husfolket säga ett enda ord till hvarandra.

Flickan svarade: "Min fader heter Skapnartungr, ty han är så nidsk, att han ej förmår se att något af hans egendom förminskas.

Min moder nämnes Totra; det namnet har hon fått därför att hon städse går klädd i usla trasor; ty det anser hon vara bästa sättet att spara."

"Nå hvad heter du själf?" sporde kungen,

"Jag heter Snotra, emedan jag tyckes vara den vackraste och bästa af dem", svarade flickan. Sedan berättade hon för kungen, att det ej långt från stugan fanns en skogsbacke och ett högt berg. Berget kallades för ättestupa, emedan alla hennes förfäder störtat sig där utför, när de känt sig gamla och orkeslösa, eller annars blifvit trötta på lifvet. Därför hade barnen aldrig haft någon möda med sina gamla föräldrar.

"I morgon", sade hon, "ämnar min fader skifta arf mellan oss och sedan jämte min moder och trälen kasta sig utför ättestupan och gladt och lustigt fara till Odin. Det har gått honom djupt till sinnes att du ätit upp så mycket mat för honom, och han tycker sig ej längre hafva råd att lefva."

Om morgonen bad kungen Skapnartungr att få ett par skor. Bonden gaf honom dem motvilligt, men först drog han ur remmarna.

Då kvad kungen:

"Nidske Skapnartungr
gaf mig sko.
Men själf först remmen
utdro.
En armling nidsk och snål
unnar sin gäst ej fläsk eller kål."

Därpå gick kungen. Snotra följde honom till vägs. Kungen bad henne följa med sig hem. Hon svarade, att hon måste återvända för att vara med om arfskiftet, men att hon sedan, om en tid, skulle uppsöka honom. Så skildes de.

När Snotra kom hem, höll fadern på att räkna sina ägodelar. Han beklagade sig bittert öfver att kungen kommit och ätit upp all maten. Inte kunde han efter denna förlust se sig någon utväg att föda hushållet. Det var därför bäst att skifta arf, och så ville han själf med sin hustru och trälen fara till Odin. Det vore en hederlig belöning för trälens trohet att få följa dem till Valhall, dit han annars ej finge komma. Skapnartungr förmanade barnen till sparsamhet och att de framför allt skulle sammanhålla arfvet. Sedan följdes alla åt till ättestupan, och glade kastade sig de gamle och trälen ned från densamma.

Barnen återvände hem. Stugan delades i lika delar och skiftades af med vadmalsstycken, så att hvar och en hade sitt eget rum, och så begynte de själfva råda öfver sitt.

En tid gick allt godt. Men så råkade den äldste sonen ut för en motgång som han ej ansåg sig kunna bära. Han hade nämligen fått två guldplåtar af sin far. Dessa bar han ständigt på sig. En dag lade han sig ned att sofva; när han vaknade, såg han två svarta sniglar krypa på plåtarne, och där de krupit fram, hade guldet blifvit svart. Nu tyckte han sig tydligt se djupa gångar i guldet, och detta grämde honom så djupt, att han kastade sig utför ättestupan, följd af sin ena syster.

Den andre brodern som fått åkrarne i arf, fick en dag se huru en sparf åt några korn. Strax tyckte han att en så stor olycka kunde han ej öfverlefva, ty nu vore han förvisso brödlös, och så störtade han sig utför ättestupan, följd af en syster.

Nu funnos endast Snotra och hennes bror kvar. En dag led också han någon obetydlig förlust, och genast for han utför ättestupan till Odin. Snotra ville ej följa honom. Hon tog i stället alla syskonens ägodelar i arf och lefde någon liten tid ensam i stugan. Snart fann hon ensamheten tung och beslöt att uppsöka kung Göte. Hon blef väl mottagen af Göte och stannade hos honom såsom hans husfru.

De hade sonen Götrik, en stor, vacker ungersven. Barnet uppfostrades hemma hos kungen som mycket älskade både Snotra och gossen.

När kung Göte kände sig sjuk och nära döden, tog han farväl af Snotra, sammankallade rikets stormän och bad dem blifva lika trogna mot hans son Götrik som de varit mot honom. Kort därefter dog han.

KUNG GÖTRIK

Kung Götrik tog riket i arf efter sin fader. Han var en vänsäll, tapper, klok konung och mycket omtyckt af alla sina män.

Han hade en drottning och henne älskade han högt.

När de varit gifta några år, dog drottningen, och kung

210

Götrik sörjde henne mycket. Han lät uppkasta en stor grafhög öfver henne. På den plägade han sitta dag efter dag, och med riket fick det gå bäst det kunde.

Slutligen begynte det blifva klagomål öfver alla de olagligheter som föröfvades i kung Götriks rike, och en af stormännen trädde en dag inför konungen, uppmanade denne att själf styra sitt rike och att gifta om sig, på det riket skulle kunna lämnas i arf åt en son. "Ty", sade mannen, "vi vilja helst hafva konungar af din ätt."

Kungen lofvade lyssna till hans anhållan, och nu utrustades ett följe af åttio väl beväpnade och präktigt klädda kämpar, hvilka skulle följa kung Götrik på giljarefärd.

Kungen beslöt fria till Ingeborg, dotter till Tore herse i Sogn i Norge. Hon var beryktad för sin skönhet, klokhet och rikedom, men tillika för sitt högmod.

Hon tyckte sig aldrig få någon friare nog värdig, och otaligt många hade hon afskedat.

När nu Götrik med sitt följe kom till Tore herse, blef han på det bästa mottagen och Tore bad honom dröja så länge han för godt funne. Präktiga gillen och lekar anordnades, och Götrik hedrades på bästa sätt.

Utom kung Götrik fanns där äfven en annan friare, en ung konung vid namn Olof. Han hade redan friat till Ingeborg, men ej ännu erhållit svar. Äfven kung Götrik framförde sitt ärende för Tore som tog väl upp det, men sade att Ingeborg själf finge välja, fastän han ej kunde önska sin dotter bättre gifte. Kort därefter gingo kungarne och Tore med stort följe till jungfruburen för att tala vid Ingeborg.

Tore omtalade ärendet och bad dottern göra sitt val.

Ingeborg svarade: "Det blir svårt att svara tvenne till behag. Den som vore vida klokare än jag skulle knappt kunna det. Jag vill nu tala i liknelser och på detta sätt säga min mening.

Jag liknar dessa båda konungar vid tvenne äppelträd som växa uti en trädgård.

211

Det ena är ett ungt träd som liknar sig till att gifva en riklig skörd af stora, söta äpplen, när det väl hinner växa ut. Det trädet är kung Olof.

Det andra däremot är ett stort lummigt träd, med många skuggrika grenar, hvilka bära sköna äpplen. Det äppelträdet är kung Götrik. Han har länge regerat med stort beröm och utfört många djärfva bragder. Nu står han i sin fulla mognad. Och han lärer väl lämna söner efter sig som nog skola veta att värja sin moder, om kungens lefnadsdagar ej blifva så långa. Fast kung Olof är yngre och tyckes bli en väldig höfding, korar jag mig dock kung Götrik som nu står i sin fulla mannakraft."

Vid dessa ord blef kung Götrik så glad att han sprang fram, räckte Ingeborg en dyrbar ring och trolofvade sig med henne i kung Olofs närvaro.

Kung Olof blef vred och sade, att han nog skulle veta kräfva hämnd. Därpå drog Olof bort.

Kung Götrik stannade ännu en tid hos Tore herse, innan han redde sig till hemfärd med sin trolofvade. Bröllopet skulle firas hemma på kung Götriks borg. Tore herse med stort lysande följe ledsagade sin dotter, och en rik hemgift medfördes åt henne.

När de redo genom en stor skog, mötte dem kung Olof med en skara män, vida större än kung Götriks följe.

Olof tillropade Götrik att lämna Ingeborg jämte hela hennes hemgift; då skulle han få behålla lifvet och oantastad draga hem. "Det tjänar ingenting till", sade Olof gäckande, "att så gammal gubbe famnar så fager mö."

Götrik svarade vredgad: "Visserligen är mitt följe ej så stort som ditt. Dock skall du varsna att den gamle gubben godt kan värja sig och är ej rädd."

Därpå rusade han rätt in i fiendehopen, slog sig fram till kung Olof och gaf honom banehugget. Äfven största delen af Olofs män stupade.

Sedan fortsattes resan med stor skyndsamhet, och man rastade ej, förrän man uppnått kung Götriks borg. Kungen vann högt pris för sin ärofulla strid.

Ett stort gille tillreddes, och dit inbjödos landets höf-
dingar och stormän; därpå firade kungen bröllop med
Ingeborg. När gästerna bröto upp, erhöll hvar och en af
dem stora afskedsgåfvor, och alla prisade Götriks gäst-
frihet och frikostighet.

Sedan satt kungen hemma i fred och styrde riket; sin
drottning älskade han högt och de voro mycket lyckliga.
De hade tvenne söner. Kettil hette den äldste, Rolf
den yngste. Bröderna voro mycket olika till såväl sinne-
lag som utseende. Kettil var liten till växten, men vig och stark, häftig
och munvig. Rolf åter var högrest, vacker, tystlåten men
långsint och glömde lika litet gjorda tjänster som lidna
oförrätter, ehuru han aldrig låtsade om något strax. Han
var högt afhållen af alla och hade alltid bättre anseende
än sin broder Kettil.

Kettil uppfostrades hemma hos kung Götrik, Rolf
åter i Danmark vid kung Rings hof, emedan denne och
kung Götrik varit barndomsvänner och fosterbröder.
Ring hade en son, Ingjald, och tillsammans med ho-
nom växte Rolf upp. Dock hölls alltid Rolf för mer och
städse anförde han deras lekar och vapenöfningar. Rolf
ansågs vara den störste kämpe och idrottsman i hela
Norden vid denna tid. Han och Ingjald ingingo fostbröd-
ralag och utförde sedan många djärfva dåd tillsammans.

När kung Götrik som nu var vorden gammal, kände sig
sjuk och nära döden, lät han kalla till sig sina hofmän,
tackade dem för deras trohet och bad dem på samma
gång, att de skulle lika troget tjäna den nye konungen
som de tjänat honom. Därpå uppmanade han dem att
taga Rolf till konung, ehuru han var den yngste, ty han
var vida för mer än Kettil.

Alla tyckte kungen talade klokt och lofvade taga Rolf
till konung; äfven Kettil gick utan missnöje in därpå, och
bud sändes till Danmark efter Rolf.

Under tiden dog kung Götrik. Han sörjdes af alla, ty
ingen hade tillförene styrt riket så väl. En stor grafhög
uppkastades öfver honom, och ett präktigt graföl dracks.

ROLF GÖTRIKSSON

Kung Rolf tog nu riket i arf efter sin fader. Han var då endast tolf år gammal, men styrde riket väl och älskades högt för sin mildhet och klokhet. Kettil, hans broder, var hos honom, och bröderna kommo godt öfverens. Vintrarne plägade äfven Ingjald, Rolfs fosterbroder, tillbringa hos dem.

En gång när bröderna samtalade med hvarandra sporde Rolf, huru Kettil fann hans styrelse.

"Bra i det mesta", svarade Kettil.

"Hvad är det du ej finner godt?" frågade Rolf.

"Du är ännu ogift. Det skulle mycket öka ditt anseende, om du sökte ett rikt gifte. Kung Erik i Svea rike har en dotter, hon är både höfvisk och klok och väl förfaren i allt som anstår en konungadotter, men därtill är hon tapper, för svärd och sköld som en karl och vet styra sin häst. Förvisso vet jag ingen som är hennes vederlike", sade Kettil.

"Jag har intet att bjuda henne. Mitt rike är litet och skulle jag följa ditt råd och fria till kung Eriks dotter, finge jag helt visst nej och spott och spe till på köpet. Det har jag ringa lust för", svarade Rolf.

Därvid blef det. Bröderna och Ingjald foro som vanligt ut på härfärder under sommaren och vunno ära och stort byte. Om hösten återvände de till Rolfs rike. Om giftermål var ej vidare något tal.

När tre år förlidit, sporde Kettil en vår, hvart färden nu skulle styras.

Rolf svarade: "Till Svea rike för att fria till kung Eriks dotter."

"Förvisso är ditt sinne mycket ombytligt. När jag för trenne år sedan bad dig draga dit, ville du ej lyda mitt råd, och nu föreslår du det själf. Jag har dock ej skiftat sinn, ty ännu håller jag det för bästa giftet i Norden", svarade Kettil.

Därpå drog Rolf åstad. Kettil skulle stanna hemma och styra riket.

TORBORG

Kung Erik höll hof i Uppsala. Han hade inga söner, end-
ast en dotter, Torborg. Hon var vida berömd för sin
skönhet, ehuru hon var så manhaftig att hon helst fäk-
tade, red och öfvade sig i allehanda idrotter. I frustugan
trifdes hon blott sällan. Kungen tyckte föga om att hon ej
ville skicka sig likt andra tärnor, men Torborg följde
endast sitt eget tycke.

En dag trädde hon inför kungen, sägande: "Nu, fader,
må du gifva mig andel i ditt rike, på det jag må lära mig
styra, medan du ännu är i lifvet. Jag tänker det tarfvas
nog, när jag efter din död ensam skall värna landet."
Kung Erik gaf henne motvilligt en tredjedel af riket
och kungsgården Ulleråker i Uppland.

Torborg drog genast dit med många tappra kämpar
och höll hof som en konung, styrde riket med kraft och
klokhet och vardt högt aktad af alla för sin rättrådighet.
Men aldrig ville hon höra talas om att hon var
kvinna. Hon iklädde sig en präktig rustning och tillsade
sina män att kalla henne "kung Torberg".

Om någon friare vågade komma, blef han fördrifven
med spott och spe samt därtill ofta lemlästad.

ROLF GÖTRIKSSONS FRIERI

En natt vaknade Ingegerd, kung Eriks drottning, och
sade sig hafva haft en märkvärdig dröm.

"Berätta mig den", sade kungen.

"Jag tyckte mig se en hop vargar komma springande
från Götaland. Framför dem sprang ett lejon, följdt af en
hvit björn. Alla djuren voro släthåriga och spaka och
kommo springande rätt hit till Uppsala, och sextio
stycken voro de tillhopa. Jag ämnade just kalla på dig,
men vaknade med detsamma", svarade Ingegerd.

"Hvad tror du, drottning, den drömmen skall betyda",
sade Erik.

"Lejonet", svarade hon, "är en konungs fylgia, den
hvita björnen är någon konungason, och vargarna äro

215

deras följeslagares fylgior. Jag gissar att det är kung Rolf Götriksson, med sin fosterbroder Ingjald af Danmark. Deras ärende är fredligt, emedan djuren synas så spaka. Månne kung Rolf ämnar fria till vår dotter Torborg?" "Det vill jag ingalunda tro, att en konung öfver så ringa rike vågar fria till vår dotter. Ej heller vill jag höra dig tyda dina drömmar så illa", sade kungen.

"Men om nu det verkligen vore så, hur skall jag då mottaga kung Rolf?"

Drottningen svarade: "Du måste mottaga honom väl, ty hvad som brister i rikets storlek, ersättes genom kungens mod, och aldrig kan vår dotter få bättre gifte."

Några dagar efteråt fick kung Erik bud att kung Rolf med följe kommit till Uppsala. De voro sextio tillhopa och alla väl utrustade. Kung Erik lät genast inbjuda dem till gille. Men Rolf fick sig anvisad en föga god plats vid bordets långsida. Man drack och skämtade, men Rolf satt mörk i hågen öfver att så ringa ära visades honom.

Slutligen frågade kung Erik gäckande: "Hvad är edert ärende hit och hvadan kommen I med så stort följe?"

Rolf svarade: "Hitintills har jag själf rådt för mina färder utan att spörja någon om råd. Jag hade ämnat framföra mitt ärende vid lägligare tillfälle, dock skall jag lämna svar på eder fråga. Jag vill hafva eder dotter Torborg till maka och nu är min fordran att strax erhålla svar."

Erik sade: "Väl känner jag götarnes sed att skämta med allt, när ölet slagit dem åt hufvudet, och ej mena de något illa därmed. Förvisso är edert ärende ett annat och jag tror mig kunna gissa det. I Götaland är nu dyr tid; så är det ofta, ty landet är litet och hofvet stort. Nu liden I brist på mat och ha farit hit för att ej mista edert goda hull. Det var klokt, ty förvisso skall jag bistå eder. I mån under en hel månad rida omkring i vårt rike på gästning. Då tänker jag I skolen vända åter med lika godt hull som I haden när I kommen hit."

Kung Rolf åhörde lugnt talet. Därpå svarade han kort: "Eder hjälp ha vi aldrig sökt, och mat tarfvas oss icke, det hafva vi nog af hemma. Jag ser godt att du vill drifva spe med mig, men det gagnar föga."

Kung Rolf hade talat lugnt, ehuru hvar och en godt kunde se, att han var mäkta vred.

Sedan skildes man åt och gick till sofplatserna.

När kung Erik träffade drottningen, sporde hon, huru kungen fann Rolf.

"Aldrig har jag sett skönare och större man", svarade kungen.

"Det har jag hört sägas tillförene. Men har du pröfvat hans sinnelag?" frågade drottningen.

Kungen omtalade då hela deras samtal och sade sig aldrig hafva funnit tålmodigare man.

Drottningen fann det mycket illa, att kungen drifvit gäck med kung Rolf. Hon sade, att om han än visat sig lugn, kunde man likväl vänta sig hämnd, ty om riket ej vore stort, så var kung Rolf dock den yppersta kungen i Norden.

Kungen sade misslynt: "Nog vet jag Rolf är en mäktig konung, men du gör mer af honom än han är värd. Hvad råder du mig nu till?"

Drottningen svarade: "Du skall godtgöra ditt fel. Ty annars kanske Rolf och Ingjald skaffa sig hjälp från Danmark och göra oss stor skada."

Erik genmälde: "Kanske gick jag för hastigt till väga. Jag skall låtsa om intet, tala väl vid Rolf och söka skylla allt på ölet, om Rolf visar sig vred."

Om morgonen, när de träffades, sporde Erik huru Rolf sofvit och mottog honom på bästa sätt. Han bad honom berätta om sina bragder samt säga hur gammal han var.

"Aderton år", svarade Rolf.

"Hvart hafven I ämnat rida, efter I tagit in hos oss?" frågade Erik vidare.

Rolf som trodde att Erik ånyo ville drifva spe med honom, sade sig väl minnas deras samtal från i går, om än Erik glömt det.

Erik sade skämtsamt: "Ölet skapar annan man. Har jag misshagat dig, så glöm det. Vill du hafva min dotter Torborg, kan jag ej önska henne bättre man. Du vet dock att min dotter fått tredjedelen af riket och håller eget hof på Ulleråker. Många kungar ha friat till henne. Med alla har hon drifvit gäck och en del har hon äfven misshandlat på allt sätt. Hennes öfvermod är utan like och hennes uppförande är mig alldeles emot. Kan du vinna henne med godo eller ondo, så tag henne. Om du än kommer med härsmakt, skall jag sitta lugn."

Kung Rolf tackade, och han och Erik slöto förbund. Därefter hölls gille. Erik förplägade dem på bästa sätt, och efter trenne dagar bröt Rolf upp med sitt följe och drog till Ulleråker för att fria till Torborg. De kommo dit tidigt om morgonen. Rolf utvalde tolf af sina bästa kämpar, hvilka med dragna svärd skulle följa honom in i salen; de öfriga skulle se till hästarne och hålla vakt utanför.

Sedan Rolf ordnat skaran, sade han: "Jag och Ingjald gå främst, I följen efter. Om vi anfallas, gå de först ut som sist kommit in, men ingen får vända ryggen till."

Därpå trädde de in i salen. Hela salen var full af kämpar och alla sutto till bords. Ingen hälsade på Rolf eller tilltalade honom.

Rolf trädde fram till högsätet. Där satt en högrest, välvuxen man, iförd en präktig dräkt. Rolf aftog hjälmen, bugade sig, stack svärdsudden i bordet och sade: "Hell eder, konung, och hela edert rike."

Men kung Torberg låtsade ej se honom, ännu mycket mindre besvara hans hälsning.

Då blef Rolf vred öfver hennes högmod och sade: "Jag har, med eder faders vilja, kommit hit att begära eder hand."

Torborg såg snedt på honom och sade: "Hit har du kommit för att få ett mål mat; säg till köksmästaren, så gifver han dig det. Packa dig sedan på dörren och kom ej hit för att håna kung Torberg."

218

Rolf svarade: "Ej är vårt ärende att få mat. Alla veta vi att du är kung Eriks dotter och ännu en gång upprepar jag min begäran: blif min maka."

När Torberg hörde detta tal, blef hon utom sig af vrede, befallde sina män gripa till vapen, fasttaga och binda Rolf och föra honom till sig, så skulle hon nog veta att tukta en slik småkonung som så försmädat kung Torberg.

Alla grepo till vapen. Under höga härrop störtade sig kämparne mot Rolf och hans män. Alla drogo sig tillbaka i god ordning, men Rolf själf vek ej, utan med draget svärd afvärjde han alla hugg, och det säges att tolf af Torborgs kämpar föllo, innan han lämnade salen. Rolf såg, att han ej nu kunde strida mot Torborgs män, utan red hem till Västergötland igen.

Torborg lät genast utbära sina fallna kämpar, satte sig sedan ånyo i högsätet och sporde, om någon kunde säga namnet på den som så djupt skymfat henne.

Man svarade att det varit kung Rolf från Västergötland.

"Jag kunde tro det, ty han syntes förmer än andra män; ryktet har ej sagt för mycket om honom. Nu må vi vara beredda till försvar, ty länge lär det ej töfva, innan han med härsmakt kommer hit och betalar vårt skämt."

Torborg lät därpå väl befästa Ulleråker. En hög mur uppbyggdes rundt omkring som var så tjock att murbräckor ej kunde bryta den. Vattentrummor inmurades, så att om eld anlades, den genast kunde släckas, och hela besättningen utrustades på bästa sätt.

När detta var gjordt, tyckte sig Torborg kunna vara lugn och begynte åter skämta och glamma med sina kämpar samt göra sig glada dagar, ty nu var hon säker att inga närgångna friare vidare skulle störa henne och mot hennes vilja komma in i borgen.

ROLFS ANDRA FRIAREFÄRD TILL ULLERÅKER OCH HANS GIFTERMÅL MED TORBORG

När Rolf kommit hem och Kettil sport om hans nesliga färd, sade han: "Ofta finnes litet mod i stor kropp. Mäkta skamligt är att så låta behandla sig af kvinnfolk. Du lärer väl ej länge låta slik skymf vara ohämnad. Hade jag fått följa dig, skulle detta aldrig skett. Förr skulle hvar man fallit på sin post, än vi låtit drifva oss ut likt en skock rädda getter."

Rolf svarade, att färden aflupit sämre, om man följt Kettils råd och att han nog ämnade sig till Svea rike, men ej denna sommar.

"Det är illa att svearne så skrämt vettet ur dig", sade Kettil tvärt. Sedan talades ej vidare därom och om våren drog man som vanligt i härnad. Under färden ingick Rolf fostbrödralag med en skotsk konungason, Asmund, som följde honom hem öfver vintern.

Hela vintern satt man hemma i lugn och ro. Litet emellan sökte Asmund och Kettil att egga Rolf till hämnd mot Torborg, men Rolf lyssnade ej därtill, ej ens när Kettil kallade honom feg.

Den följande våren utrustade Rolf sex skepp som bemannades med utvaldt manskap. Sedan sade han att färden skulle gälla Svea rike, dit han ville fara för att hämta sin brud.

Han bad både Asmund och Kettil följa med, och Ingjald hade han stämt sig till mötes.

Samma natt de landade, hade drottning Ingegerd ånyo en dröm som hon omtalade för kung Erik.

"Jag tyckte mig se ut åt hafvet. En hel hop skepp lade i land; från skeppen sprungo vargar med håren rätt i vädret. Framför dem gick ett vredgadt lejon; på ena sidan om det sprungo tvenne hvita björnar och på den andra sidan sprang en ilsken galt, stor och grym att skåda. Allt som kom i hans väg vräktes omkull, och galten högg fast i bytet med sina betar."

Kung Erik frågade henne hvems fylgia den arga galten var; den hade ej varit med vid förra drömmen; ej heller fanns då mer än en hvit björn.

"Jag tror", svarade drottningen, "att den arga galten är Kettils fylgia. Jag har hört att Rolf har en broder, hvars sinnelag ej är det bästa. Den andra hvita björnen torde vara någon konungs fylgia. Nu gjorde du väl, om du ihågkom ditt löfte, ty nu lärer Rolf vilja hämnas den skymf Torborg tillfogade honom på Ulleråker."

Så fort Erik fick bud att kung Rolf landat, lät han genast bjuda honom och hans kämpar till gästabud. De kommo, och mötet konungarne emellan var det bästa. En dag sporde Erik, om Rolf ämnade fortsätta med sitt frieri.

"Så är meningen", svarade Rolf.

"Då måste du vara både klok och vapenför, ty jag har sport att min dotter Torborg befästat sin borg och är väl redo till försvar. Allt jag lofvat dig vill jag hålla. Om du än brukar våld mot henne, ämnar jag ej undsätta henne och ingen i mitt rike skall bringa kung Torberg någon hjälp."

Rolf tackade kung Erik och drog därpå till Ulleråker med sina kämpar.

Där voro de väntade. Fästningen var väl tillsluten, och starkt vapengny hördes där inifrån. Rolf befallde sina män att tälta och sade till Kettil: "Tag nu borgen med ditt skryt, om du kan."

Kettil svarade, att han nog skulle veta strida tappert, när tid blef. Därpå beredde man sig till natten.

Om morgonen bad kung Rolf att få tala med kung Torberg. Torborg kom ut på vallen, följd af sina kämpar. Rolf talade då sålunda:

"Jag beder eder, kung Torberg, lyssna till mitt tal. Ärendet är detsamma nu som förra gången. Mottagen I mig äfven nu med skymf och hån, skall jag veta intaga borgen, jämna den med jorden och nedhugga hvarenda man som finnes inom dess murar."

"Förr må du draga åter till Västergötland och blifva getaherde, än du skall intaga vår borg. Far hem till ditt rike, medan skinnet ännu är helt på dig", svarade Torborg trotsigt. Sedan skakade hon och alla hennes män sina sköldar och det blef ett väldigt dån.

När Rolf såg att intet kunde vinnas med godo, befallde han sina män att angripa borgen, men de drefvos genast tillbaka af Torborgs män. Sökte de gräfva sig under borgmuren, hällde besättningen brinnande beck och sjudhett vatten på dem; sökte de sätta eld på muren, öppnades trummorna och vattnet forsade ut, släckande elden.

Manskap fanns i öfverflöd, och hur många som Rolfs män än fällde, syntes det vara lika fullt på vallarna i alla fall. Modet började svika för Rolfs män; aldrig tillförene tyckte de sig hafva varit så illa ute.

Svearne hånade dem från vallarne samt framburo guld och dyrbarheter som de uppmanade götarna att hämta. Rolf sporde Kettil, huru han fann denna leken. Kettil sökte slå bort sin broders missnöje med ett skämt öfver Sveakungen, men Rolf sade: "Vig i mun kan du alltid vara, men uträtta något är du ej så rapp till; nu kan du själf se hur god hon är att tagas med."

Slutligen bad Asmund att Rolf skulle finna på någon utväg, så att de kunde intaga borgen, ty nu hade de legat där utanför i fjorton dagar och för hvarje dag lidit spott och spe af svearne samt därtill mist mycket manskap.

"Inte vet jag, om mitt råd är godt", svarade Rolf, "men fresta det kunna vi ju alltid. Vi skola gå till skogen och göra oss risknippor samt binda ihop dem till stora tak, hvilka vi skola sätta fast vid stolpar, så höga att vi kunna gå under dessa tak. Sedan skola vi ställa dem kring murarne och så gräfva oss igenom."

Rådet syntes alla godt. Stormtaken blefvo med stor hast iordningställda och framburna till vallarna. Nu kunde Rolfs män i god ro begynna sitt arbete. Väl vräkte Torborgs folk ned brinnande beck och kokande vatten, men utan att skada dem, och inom kort hade de fått hål på vallen.

Rolf och hans män stormade därefter in i borgen, men funno den utrymd. Dock voro alla rummen ordnade som till gästabud och borden dignade af mat och dryck.

När Kettil fick se detta, utbrast han: "Förvisso hade den kungen ett fegt hjärta som lämnade så mycket mat åt sina fiender; nu skola vi äta och dricka och göra oss goda dagar; sedan skola vi skifta rofvet."

Rolf som anade, att det var Torborgs mening, att de skulle dricka sig rusiga, på det hon sedan skulle kunna falla öfver dem, sade: "Här får ingen dröja. Borgen skall noga rannsakas, och om vi ej finna Torborg och hennes folk, hafva de flytt genom någon lönngång. Den skola vi finna och sätta efter dem, ty säkerligen dölja de sig i skogarne här omkring."

Man letade i borgen utan att finna någon. Men lönngången upptäcktes inom kort och genom den tågade alla kung Rolfs män. Rolf själf gick i spetsen. Snart stodo de i skogen, hvarest de funno Torborg och hennes kämpar.

Det blef en häftig strid. Torborg hade utvalda kämpar, och själf fäktade hon med förtviflans mod. Rolf, Kettil och de båda kungasönerna stredo käckt, och inom kort begynte segern luta åt deras sida.

Rolf bad Kettil taga kung Torberg till fånga. Snart kom också Kettil så nära att han lyckades gifva Torborg ett slag med flatan af sitt svärd, sägande: "Så drifva vi ut okynnet hos galna kvinnfolk."

Torborg vände sig snabbt om och gaf med en yxa Kettil ett slag för örat, så att han vände benen i vädret, hvarvid hon sade: "Så tukta vi arga hundar, när de skälla för högt."

Kettil reste sig upp utom sig af vrede och höjde sitt svärd till hugg; men Rolf ilade fram och afvärjde hugget.

Kort därefter öfvermannades Torborg, blef tillfångatagen samt förd till Rolf.

Han erbjöd både Torborg och hela hennes här lejd och bad endast att kung Erik skulle få döma dem emellan.

Torborg tackade och sade: "Förvisso är du en ädel man, kung Rolf. Få skulle handlat så som du, om de lidit dylik smälek. Jag vill nu rida till min fader och höra hans vilja. Först inbjuder jag dock dig och ditt folk till gille hos oss, såsom skick och bruk är, när man fått lejd."

Därpå skildes de. Torborg red till Uppsala, och kung Rolf med sina kämpar gästade Ulleråker, hvarest de väl förplägade sig med mat och dryck i trenne dagar. Sedan bröto de upp och redo efter till Uppsala.

När Torborg kommit till sin fader, bugade hon sig djupt, nedlade skölden för hans fötter, aftog hjälmen och sade: "Käre fader, nu är jag landsflyktig, och det rike du gaf mig är i kung Rolfs våld. Gif mig de råd som dig bäst synas."

Kung Erik svarade: "Gärna såge jag, dotter, att du hörde upp med detta för en kvinna föga passande lif och gifte dig med kung Rolf, ty hans like i mod och tapperhet finnes icke i Norden."

Torborg svarade, att hon väl nödgades följa hans råd, nu när hon var landsflyktig. Hon gick in i frustugan till sin moder, aflade sin präktiga rustning och påtog kvinnokläder. Därpå satte hon sig ned att sömma. Sina vapen lämnade hon till fadern.

Alla funno henne mycket fager, därtill var hon klok, snarfyndig och vänsäll. Det sades att hennes like ej funnes, om man än sökte vida omkring.

Strax därefter kom kung Rolf. Han blef väl mottagen, och kung Erik själf gick honom till mötes, förde honom till högsätet, hvarest han äfven själf tog plats, och ett präktigt dryckesgille hölls. Alla voro mycket glada. Sedan gillet fortgått en stund, sände kung Erik bud efter Torborg. Hon kom, präktigt smyckad i dyrbara kläder och följd af sin moder jämte många tärnor.

Kung Erik gick henne till mötes och gaf henne jämte drottningen och alla tärnorna plats till vänster om högsätet.

När man skämtat och druckit ännu en stund, framförde kung Rolf för tredje gången sitt frieri till Torborg, och denna gång svarade hon "ja". Trolofningen firades genast, och kort därefter tillreddes ett ståtligt bröllop som varade en half månad.

När bröllopet var slut och gästerna bröto upp, begåfvades alla rikligen, och stormännen voro mycket nöjda öfver kung Eriks frikostighet.

Rolf och Torborg drogo till Ulleråker, hvarest de höllo hof och lefde lyckligt med hvarandra. Rolf rådde för den del af riket som tillförene varit Torborgs, och Kettil fick Västergötland att styra.

Ingjald for hem till Danmark, hvarest han inom kort blef konung, när hans fader, den gamle kung Ring, dog. Asmund åter stannade hos Rolf under många år. Hvarje vår drogo de ut på härfärder och vunno rykte och guld.

Efter kung Eriks död blef Rolf ensam konung öfver hela Svea rike och högt ärad och älskad af allt folket.

NORNA GÄST

När Olof Tryggvason gästade Trondhjem, kom en dag framemot aftonen en högrest gammal man och hälsade vördnadsfullt på kungen som tog väl emot honom och sporde om hans namn.

"Jag heter Gäst", svarade mannen.

"En kärkommen gäst må du vara hos mig, hurudant ditt namn än är", sade Olof.

"Jag har sagt eder mitt rätta namn, herre konung, och jag tackar eder för utlofvad gästfrihet."

Kungen talade ej vidare vid honom, utan skyndade till aftonsången, hvarefter aftonmåltiden intogs och alla gingo till hvila. Om natten vaknade kung Olof och gjorde då bön. Alla hans män sofvo. Kungen såg då en alf inkomma och gå till hvarje säng. Slutligen stannade den vid sängen ytterst i salen och sade: "Mycket starka lås är det för tomt hus, och kungen månde ej i detta fall vara så vis som alla säga han plägar vara." Därpå försvann alfen.

Så fort kungen vaknade om morgonen frågade han, hvem som sofvit i den bortersta sängen, och erhöll till svar att det varit Gäst.

Kungen lät kalla honom till sig och sporde hvem han vore.

Gäst svarade: "Tord hette min fader. Af dansk släkt var han och ägde gården Gröninge."

"Du är en rask och talför man", sade kungen.

Gäst var nämligen djärf i sitt tal och större och starkare än de fleste af kämparne, ehuru han var gammal.

Gäst bad att få dröja bland kungens hofmän under en tid.

Kungen frågade då, om han vore döpt. "Nej", svarade Gäst, "men väl har jag blifvit primsignad."

Därpå fick han tillstånd att stanna, "men", sade Olof, "länge må du ej dröja odöpt bland mina män". Nu kunde kungen äfven förstå hvad alfen menat med talet om "starka lås för tomt hus", ty Gäst hade korsat sig om aftonen likt de öfriga, men han var ju i själfva verket en hedning.

Gäst blef sedan tillfrågad, om han kunde någon idrott eller konst.

"Jag spelar harpa och kan dessutom tälja mången gammal saga som plägar glädja tappre kämpar", svarade han.

"Illa gör kung Sven", sade Olof, "som låter odöpta män draga ur landet."

"Ej må någon lasta kung Sven, ty jag lämnade Danmark långt innan dess stolta höfdingar måst böja sig för korsets bild", sade Gäst.

Kungen gjorde honom sedan många frågor, och på alla visste han gifva goda svar.

En af kungens män och goda vänner, Ulf Röde, hade just hemkommit från Viken, hvarest han varit för att värna landet mot danskarnes anfall. Bland andra gåfvor han bragte kungen var äfven en mycket kostbar ring, sammansatt af sju guldstycken, alla af olika färg.

Ringen beundrades mycket och vandrade från man till man samt kom äfven till Gäst som lät den gå vidare utan att yttra något berömmande om den. Alla funno det besynnerligt att ej han sagt något om ringen, "men" menade de, "förmodligen förstår han ej att värdera dylika skatter".

Ringen återlämnades sedan till kungen af en bland svennerna som äfven omtalade att Gäst ej sagt något om den.

Kungen sade: "Han torde veta mer än någon af eder anar, och i morgon vill jag han skall komma till mig för att berätta en af sina sagor."

Emellertid tillspordes Gäst, om han någonsin sett så godt guld, eller, sade de gäckande, "törhända du sett ännu bättre?".

Gäst svarade: "Ja, väl har jag sett lika godt guld som detta, och säkerligen skullen I ej skattat det mindre."

227

Alla hofmännen logo åt detta tal och en bland dem frågade, om Gäst ville slå vad. Han skulle då sanningsenligt styrka, att han sett bättre guld. Om han vunne, skulle han erhålla fyra mark lödigt silfver, men om han förlorade, lämna sin knif och sitt bälte. Kungen utsågs till skiljedomare. Gäst gick in på vadet och fortsatte sedan med sitt harpospel och sina sånger, och alla lyssnade gärna på honom.

Den följande dagen, när kungen och hans män sutto kring dryckesborden, steg svennen fram, åtföljd af Gäst, och omtalade det ingångna vadet.

Kungen svarade: "Mjödet måste stigit mina män åt hufvudet, när de kunnat inlåta sig i strid med Gäst, ty helt visst skola de förlora, och mitt råd är att de nedlägga striden."

"Nej", sade Gäst, "jag vill att aftalet skall hållas."

"Det synes mig dock som om mina män skola komma till korta i denna strid. Men det visar sig väl snart", svarade kungen, "och nu, Gäst, är du skyldig att framkomma med ditt guld, på det vi må kunna pröfva och fälla domen."

"Som I viljen, herre konung", sade Gäst och framtog ur en läderpung som hängde vid bältet; ett stycke af ett guldspänne, hvilket han räckte Olof. Denne såg på guldet och fann det vara mycket godt. Ringen framtogs och vid jämförelsen befanns Gästs guld vara vida bättre. Alla kungens män måste äfven medgifva att kungen dömt rätt.

Gäst vände sig till kungen och sade: "Tack för eder oväldiga dom! Edra kämpar vill jag bedja att en annan gång ej håna okänd man, ty aldrig kan man veta, om ej denne till äfventyrs sett mer än de själfva. Behåll gärna edert silfver, men minnens detta vad!"

Kungen bad sedan Gäst säga hvarifrån han fått guldspännet.

"Jag gör det ej gärna", sade Gäst, "ty få skola sätta tro till hvad jag förtäljer."

"Du har dock en gång lofvat oss det och nu vilja vi att du håller ditt löfte."

"Det anar mig att om jag väl berättat eder guldets saga, skolen I äfven vilja veta min egen", svarade Gäst.

"Det tör väl hända du gissar rätt", sade kungen.

Gäst berättade då följande:

"I min ungdom kom jag till den hugstore Sigurd Fafnersbane och deltog i alla hans tappra strider. En mer vänsäll och givmild furste har ej funnits, och högt älskad var han af alla. En dag red Sigurd på sin snabbe Grane genom en lerig dalgång. Grane satte sig fast, och för att komma loss tog han i så hårdt, att bukgjorden sprang af och spännet gick sönder. Jag såg hur det glänste i smutsen, tog upp det och räckte det till Sigurd, men han gaf mig guldet. Det är samma spänne som I nu sen. Sigurd steg sedan af hästen, och när jag därpå torkade leret af Grane, passade jag på och ryckte några tagelstrån ur svansen på honom som prof på hur stor Grane var." Gäst framvisade därpå tagelstråna, hvilka voro sju alnar långa.

"Jag minnes många väldiga kämpar, äfven Starkader den gamle. En gång möttes Sigurd och han, men Starkader tog till flykten. Dessförinnan gaf Sigurd honom ett så väldigt slag med svärdet rätt öfver käken, att tvenne oxeltänder flögo ur. Dessa togos sedan till vara och voro så stora att en af dem nu användes som klockkläpp i en af Danmarks kyrkor."

"Det är mig en stor fröjd att höra dig berätta dina sagor", sade kungen, och alla hans hirdmän berömde äfven Gäst som på uppmaning af kungen berättade än flere, tills det var tid att gå till hvila,

Den följande dagen kallade kungen Gäst till sig och sade: "Jag förstår ej huru du kunnat upplefva alla dessa underbara händelser du förtäljer oss. Du måste nu äfven förtälja oss din egen saga."

Gäst berättade därpå om alla de märkliga ting han upplefvat och sade slutligen: "Nu må jag äfven omtala huru jag erhållit namnet Norna Gäst.

Jag föddes på min faders gård Gröninge. Vid min födelse kommo tre nornor för att lägga mina lefnadslotter. Två ljus brunno vid min vagga, när nornorna kommo. Två af dem gåfvo mig lycka och välgång i lifvet och sade att jag skulle blifva vida beryktad för min tapperhet. Den tredje nornan blef vred öfver alla dessa goda gåfvor och hon sade: "Jag gifver honom den lotten att han ej skall lefva längre än tills detta ljus brunnit ut." En af de andra nornorna tog ljuset, släckte det och tillsade min moder att noga förvara det. Sedan drogo nornorna bort.

När jag blifvit fullvuxen, fick jag ljuset af min moder och sedan dess har det städse följt mig."

Kungen frågade Gäst, hvarför denne dragit till hans hof.

"Jag väntade vinna lycka hos eder som prisas så högt af alla."

Sedan frågade Olof, om Gäst ville mottaga dopet.

"Det vill jag gärna", sade Gäst. Han döptes nu, blef sedan upptagen bland kungens hirdmän och ärades af alla för sin trohet och vishet.

En tid därefter sporde kungen honom: "Hur länge skulle du vilja lefva, om du själf kunde råda därför?"

"Endast en kort tid, om Gud så vill", sade Gäst.

Olof fortfor: "Hur snart tror du döden komme, om du tände ditt ljus?"

Gäst framtog sitt ljus och lät kungen tända det. Ljuset brann mycket fort.

Kungen sade till Gäst: "Hur gammal är du nu i själfva verket?"

"Jag har fyllt trehundrade vintrar", svarade Gäst.

"Då är du mäkta gammal", sade kungen.

Gäst lade sig därpå ned och bad att få sista smörjelsen. När han fått den, fanns ännu något litet kvar af ljuset. Men i samma ögonblick ljuset slocknade, slocknade äfven Norna Gästs lif.